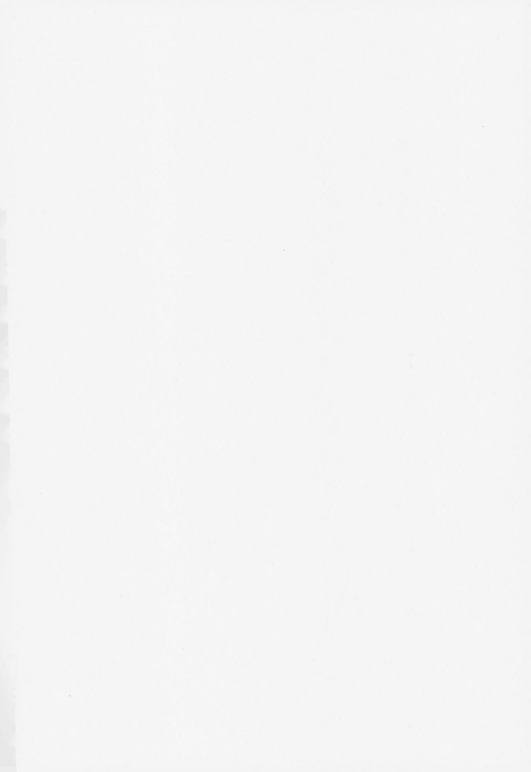

"하나님은 자연을, 인간은 도시를 만들었다"고 영국의 한 시인은 노래했다. 한국의 한 시인은 이 말을 패러디하여 "하나님은 시골을, 인간은 도시를 만들었다. 신은 망했다"고 읊었다. 이미 하나님을 떠나고 형제를 살해한 가인이 도시를 건축했다는 이야기는 잘 알려져 있다. 그만큼 도시라는 공간은 하나님과 반하는 속성을 지니고 있다. 그런데도 전 세계 인구의 3분의 2가 도시에서 살고 있다. 그리고 하나님을 떠나 거룩성을 상실한 도시 역시 하나님이 지으신 창조세계의 일부이고 그분의 다스림이 미치는 곳이자 우리 일상의 영역인 동시에 선교의 영역이다. 우리는 이 공간에 대해 신학적으로 사유해야 한다. 이 작업을 집요하게 파고드는 저자의 노고가 담긴 이 책이 우리의 눈을 열어줄 것이라 확신한다.

김기현 | 한국침례신학대학교 종교철학과 윤리 교수, 『고난은 사랑을 남기고』의 저자

도시와 공간에 대한 관심이 높아지고 있다. 장소를 잃고 찰나성과 유동성에 직면한 현대인의 의미를 찾으려는 자구책이다. 존재의 궁극적 의미를 제공하는 신학이 제도와 교리 안에 관행적으로 머무를 때, 기독교 신앙이 현대인의 삶과 만나는 자리는 축소된다. 이 책은 일상과 공간을 새로운 신앙 경험과 표현의 장소로 탐색한다. 일상은 세속성이 아닌 초월성과 접하는 곳이자 영적 충만함을 회복하는 현장으로 거듭난다. 저자는 도시, 공간, 시간, 일상과 같이 우리가 평범하게 지나치는, 그러나 사실은 매우 비범하게 떠오르는 주제들의 신학 지도를 그려준다. 그 지도 안에는 삼위일체, 창조, 십자가, 성만찬, 부활의 신비가 충만하게 채워져 있다. 특히 이 책은 한국 신학자의 선구적 저작이라는 진귀한 가치를 지닌다.

김선일 | 웨스트민스터신학대학원대학교 실천신학 교수

확실치 않은 미래와 불안한 현실 속에서 아무도 가보지 않는 길을 가야 하는 시대에도 여전히 도시로 몰려드는 사람들의 수가 줄어들 기미가 보이지 않는다. 2030년에는 셋에 둘은 도시에 살게 된다고 한다. 때론 화려하고 어두운 공간 안에 마치 신을 배제한 듯 도시가 흉물스럽게 다가온다. 무소 부재하신 하나님을 고백하며 살아가는 그리스도인들은 어떻게 도시에서 구원을 경험할 것인가? 구원의 시간만을 추구하는 우리는 구원의 장소이며 일상의 터전인 도시에서 충만한 삶의 의미를 잊은 지 오래다. 이런 현실 속에서 참 반가운 책을 만났다. 도시에서 하나님을 만나는 감격도 신비도 거룩도 잊고 살아가는 이들에게, 영혼의 서사를 찾아 헤매는 현대인들에게, 자신만의 거룩한 공간을 생의 충만함으로 채우고자 갈망하며 외롭게 살아가는 청년들에게 진심으로 일독을 권하고 싶다.

김은혜 | 장로회신학대학교 기독교와문화 교수

올여름 휴가를 시작하면서 이 책을 읽었다. 추천사 요청에 확답을 하지 않은 상태에서 원고를 펼쳤는데 짧으면서도 명쾌한 글의 호흡에 이끌려 단숨에 읽기를 마쳤다. 난해하고 복잡한 기존 연구자들의 성과를 분명하면서도 깊이 있는 자신의 목소리로 풀어내는 김승환 박사의 글솜씨 덕분에 읽는 재미가 컸다. 분주하고 번잡한 도시로부터 벗어나 휴가를 보내더라도 곧 다시 돌아와 머물러야 하는 세속 도시에서 추구할 영성에 대한 저자의 깊은 통찰과 실천적 지침은 두고두고 곱씹을 가치가 충분하다. 욕망으로 가득한 도시의 삶에서 신성함과 거룩함으로 충만한 시간과 공간 그리고 일상을 추구하려는 열망이 있는 분들에게 권하고 싶은 책이다.

목광수 | 서울시립대학교 철학과 교수

최근 한국의 젊은 신학자들은 이전 세대가 집중하던 것과는 다른 새로운 주제들에 주목하면서 세계적인 수준의 연구 성과를 제출하고 있다. 김승환 박사는 그중에서도 매우 탁월한 통찰력으로 도시, 디지털 등의 영역에서 신학적 작업을 성실히 수행하고 있다. 이 책은 전작에 비해 그 내용이 훨씬 풍성하다. 도시신학을 연구하고 공부하고자 하는 분들에게 큰 참고자료가 될 것으로 기대한다. 도시는 이제 인간에게 1차 환경과 같다. 기후, 인권, 빈곤 등의 문제가 모두 도시라는 공간에서 발생하고 있다. 이 문제에 대해 수준 높은 논의를 통해 신학적 상상력을 자극하는 이 책이 한국신학의 새로운 지향을 제시하는 좋은 자료가 되기를 기원하며 저자의 열정을 응원한다.

성석환 | 장로회신학대학교 기독교와문화 교수, 도시공동체연구소장

저자는 탁월한 신학자이자 수십 년간 목회 현장을 떠나지 않은 목회자다. 그 오랜 기간의 노력과 애정이 이 책에 고스란히 묻어 나온다. 저자는 오늘을 사는 그리스도인이 도시를 어떻게 바라봐야 하고 도시를 위해 우리가 무엇에 집중해야 하는지를 정확하게 집어낸다. 목회자인 나는 책을 읽으면서 신학자인 저자가 펼쳐내는 탄탄한 논리에 자연스럽게 설득되었고 동시에 목회자로서 지닌 따뜻한 애정에 감동되었다. 많은 교회가 도심보다는 젊은 사람들이 주거하는 도심 외곽으로 옮겨가면서 이제 도시는 목회적인 돌봄에서 소외되었고 급기야 목회 사각지대가 되어버렸다. 이런 상황에서 도시를 선교지로 보고 도시의 회복을 위해 부름을 받은 오늘날 교회에 몸담고 있는 사람들에게 이 책은 필독서라고 생각한다. 특별히 도시를 배경으로 자신의 삶을 그려가는 젊은 청년들과 도시를 사역의 대상으로 삼아야하는 목회자들에게 적극 추천한다. 개인적으로는 목회자로서 가진 고민을 이 책을 통해 풀어갈 수 있어서 기뻤다. 학자 이전에 목회자로서 책을 통해 이 시대에 필요한 메시지를 들려준 저자에게 감사의 말을 전한다.

심성수 | 라이프처치 담임목사

한국교회와 사회가 위기를 직면하고 있다는 말에 반론을 찾기 어려운 오늘이다. 과연 그 위기의 실체는 무엇이며 그런 위기 극복의 대안과 희망은 어디에서 찾을 수 있을까? 도시를 중심으로 한 저자의 문제 제기와 대안 제시를 위한 숙고와 대화를 살펴봄으로써 현재 사회 위기의 핵심과 대안적 응답의 가능성을 모색할 수 있다고 본다. 도시라는 공간과 장소, 그와 동반하는 시간을 망라한 이 세상은 하나님의 창조에서 비롯되었다. 총체적 뒤틀림의 죄성에도 불구하고 여전히 도시는 자신이 하나님의 사랑과 구원의 대상임을 고백하는 신앙인들에게, 이 책은 이 시대의 주요한 신앙/신학적 과제를 제공한다. 페이지마다 지금 바로 여기에서 하나님 나라를 향한 신앙인으로서의 온전한 삶을 갈망하며 분투하는 동역자들을 향한 위로와 격려와 도전이 가득하다. 나 자신뿐만이 아니라 이웃들을 품는 '도시의 충만함'으로의 초대에 일상의 신실함으로 응답하는 우리의 여정을 밝히는 명료한 안내서를 기쁘고 감사한 마음으로 환영한다.

임성빈 | 장로회신학대학교 전 총장

도시를 어떻게 충만케 할 것인가?

도시의 일상과
공간에 대한
신학적 상상과 성찰

도시를 어떻게
충만케 할 것인가?

김승환 지음

새물결플러스

차례

서문_ 도시는 영원한 것을 갈망한다 10

1장 도시적 일상과 해체된 리듬 22

왜곡된 도시의 일상 26
일상의 해방과 구원 34
일상의 창조적 실천 39

2장 세속적 욕망, 도시의 엔진 50

얼굴 없는 도시와 기계화된 자아 53
고독한 자아와 단절된 장소 57
나는 욕망한다, 그러므로 존재한다 62
내러티브와 예전의 재구성 68

3장 예전, 시간의 충만함 76

삶의 예전으로서의 일상성 80
진정한 것의 발견 86
시간의 충만함 93
은총의 선물로서의 일상 98

4장 삼위일체의 공간과 공간성 104

삼위일체 하나님의 공간성 107
'하나님의 집'으로서의 세상 113
피조물의 공간인 하나님의 세계 116
십자가, 타자를 향한 포용의 공간 120
성만찬, 화해와 일치의 공간 123
새로운 공간을 살아가는 부활의 존재들 127

5장 거룩한 장소의 정치학 132

신을 추방한 세속 도시 136
종교의 복귀와 거룩한 공간들 141
거룩한 장소의 정치학 147
교회는 도시의 거룩한 공간일 수 있을까? 154

6장 공간을 살아간다는 것 162

장소와 공간의 변증법 165
공간의 내러티브 171
공간을 기억한다는 것 177
머무름의 의미 181
성찰적 걷기와 공간 묵상 184

7장 그리스도인의 충만한 하루 188

샤바트와 메누하 190
새로움이 기준인 현대 사회 196
일상의 거룩함 199
숨, 쉼, 섬 203
충만한 공간으로서의 집 204
함께 모여 밥을 먹는다는 것 208

에필로그 214
참고문헌 220

서문

도시는 영원한 것을 갈망한다

보스턴 대학교의 종교사회학 교수인 낸시 앰머만(Nancy Ammerman)은 *Sacred Stories, Spiritual Tribes*에서 현대인을 "영적인 부족"으로 규정했다. 현대인들은 최첨단의 기술을 자유자재로 활용하며 유토피아적인 도시에서 살기 때문에 현실에서 종교가 필요 없는 듯 보이지만, 그들의 삶은 늘 영원한 것을 그리워한다는 뜻이다. 행복한 무신론자였던 줄리언 반스(Julian Barnes)가 "나는 신을 믿지 않는다. 다만 그리워할 뿐이다"라고 말한 것처럼. 오늘날 우리는 종교가 남겨놓은 유산 아래서 신의 잔여물을 우두커니 바라보고 있는지 모른다. 현대인들이 추구하는 종교는 특정한 교단과 제도, 교리 안에 갇혀 있는 무언가가 아니다. 종교는 점점 탈제도화되고 있으며 생활 세계의 어느 곳에서나 발견되고 경험되는 신비한 무언가다. 앰머만은 종교(religion)와 영성(spirituality)을 구분하면서 종교는 제도화된 전통의 공동체적인 특징을 지니는 반면 영성은 개인적이고 즉

10

홍적이며 창의적인 특성을 나타낸다고 주장한다.[1] 종교에서 영성으로의
이동이 최근 현상은 아니지만, 일상의 시공간 사이에서 영원한 것을 갈망
하려는 인간의 본성을 이해한다면 탈종교의 시대에 교회와 신학의 역할
이 무엇인지 감을 잡을 수 있을 것이다.

　일상의 종교적 경험으로서의 영성과 초월성은 우리 삶을 새롭게 해
석하게 하고 다르게 의미를 부여하며 세속의 시공간을 극복하는 탈세속
의 두 축이다. 영국의 종교사회학자인 린다 우드헤드(Linda Woodhead)와
폴 힐라스(Paul Heelas)도 *The Spiritual Revolution*에서 세속적이면서도 영
적인 것을 추구하려는 최근의 기묘한 조화와 종교의 변형을 잘 설명하고
있다.[2] 세속의 삶에서 개인이 살아가는 모든 경험을 영적이라 할 수 없지
만, 영적인 것과 분리된 일상의 삶이 전부라고 말하기도 쉽지 않다. 어쩌
면 우리 중 대다수가 신(God)을 믿지 않을 수 있다. 아니 존재조차 인정하
지 않을 것이다. 하지만 우리는 여전히 미지의 무언가를 갈망하며 그리워
한다. 우리의 일상이 계산기처럼 정확하게 측정된 수학적인 논리로 가득
채워져 있다면 세속의 삶은 숨을 옥죄는 거미줄과 같을 것이다. 현대 도
시의 일상은 그 속에 존재하는 모든 것을 바쁘게 몰아가며 마침내 탈진하
게 만든다. 사람은 물론 시간과 공간도 자본화된 욕망을 따라 무한히 달

1　　Nancy T. Ammerman, *Sacred Stories, Spiritual Tribes: Finding Religion in Everyday
　　　Life* (Oxford University Press, 2014), 4.
2　　Paul Heelas, Linda Woodhead, Benjamin Seel, *The Spiritual Revolution* (Wiley-
　　　Blackwell, 2005).

려가다 보면 결국 무엇이 남을까? 지금은 탈출구가 필요하다.

우리의 일상과 공간은 영원한 것과 분리될 수 없다. 신을 그 자리에서 끌어내린다 하더라도 또 다른 신들, 즉 돈이라는 맘몬, 국가라는 리바이어던, 욕망이라는 괴물이 등장해 또다시 우리를 지배할 것이다. 아니 자아(self)라는 신의 다른 모습으로 포장되어 우리 앞에 나타날 수 있다. 어쩌면 우리가 외면하려 하는 오래된 신이 조금 더 자비로웠는지도 모른다. 세속화된 일상과 공간의 구원을 위해서는 그곳을 가득 채워줄 무언가가 필요하다. 신성함과 거룩함으로 충만한(full) 시간과 공간이 필요하다. 우리는 탈세속적인 시공간의 이야기로 주변을 성찰할 필요가 있다. 파편화된 개인과 일상의 조각들을 의미의 사슬로 연결시켜줄 수 있는 계산되지 않은 진실한 이야기가 필요하다.

기원후 1세기경 시리아 지방에서 편집된 것으로 알려진 초기 교부들의 가르침인 『디다케』에는 다음과 같은 말이 기록되어 있다.

> 내 아들아, 네게 하나님의 말씀을 이야기해주는 이를 밤낮으로 기억하며, 그를 마치 주님처럼 존경하라. (주님의) 주권이 이야기되는 그곳에 바로 주님이 계시기 때문이다. 날마다, 거룩한 이들의 얼굴을 찾아 그들의 말에 의지하도록 하라.[3]

---

3   정양모 역, 『디다케: 열두 사도들의 가르침』(왜관: 분도출판사, 2010), 41.

거룩한 이야기를 가슴에 품고 살아가는 이들은 거룩한 말씀들을 보존할 뿐 아니라 그 이야기의 일부로 변화되기를 소망한다. 그들의 가슴은 무언가를 향한 충만으로 가득 차 있다. 이들은 현실에서 탈세속적인 삶을 구현하려 애쓰는 사람들이다. 현실을 부정하거나 벗어나는 것은 아니지만, 현실을 다르게 해석하고 실천한다.

영적인 것이 재발견되는 오늘날 일상에서 거룩한 이야기는 우리를 초월적인 삶으로 재무장시킬 뿐 아니라 느슨하지만 매력 넘치는 공동체로 안내한다. 세속의 현실에는 하나님의 피조세계가 갖는 생명력 넘치는 존재들을 품어줄 수 있는 하나님의 시공간, 즉 관계성과 초월성으로 꽉 찬 충만한 시공간이 필요하다.

교회 공동체가 오랫동안 전달해온 이야기는 기본적으로 뿌리/근원에 대한 서술이다. 동시에 거룩한 공동체가 지향해온 가치와 비전 그리고 그것이 하나의 전통과 의례로 표현되어 이야기의 클라이맥스를 전달한다. 오랜 공동체가 공유하는 이야기의 등장인물을 통해 우리는 선과 악을 깨닫게 되고, 그 인물과 자신을 동일시함으로써 연장된 이야기의 세계를 살아가게 된다. 이야기 안에서 우리는 과거와 마주하고 현재를 성찰하며 미래를 꿈꾸게 된다. 우리는 어떤 이야기를 자신의 이야기로 받아들이는가에 따라 자신의 존재 됨과 인격이 변화되는 것을 경험할 수 있다. 특히 종교적 서술로서의 성경 이야기는 존재를 변화시키는 무수한 사례들을 낳았다. 현대인들에게 필요한 이야기는 새로운 것이 아니라 과거의 오래된 것으로서, 가치 있고 의미 있는 공동체가 보존한 것이다.

현대인은 거룩한 이야기를 상실했다. 한병철의 지적처럼 현대 사회는 '서사의 위기'를 맞이하고 있다. 과거에서 현재로, 공동체에서 개인으로 연결되는 무수한 이야기들은 사실성과 객관성을 요구하는 사회 시스템에 의해 추방당하고 있다. 현대인은 유튜브 영상과 자극적인 정보에 관심을 기울일 뿐, 누군가의 이야기에 귀 기울이지 않는다.[4]

더 나아가 현대 사회는 거룩한 이야기를 해체시켰다. 아담과 하와의 선악과 사건과 출애굽 이야기, 다윗이 골리앗을 무너뜨리는 용맹함과 이스라엘 왕들의 흥망성쇠는 교회의 전래동화가 되었다. 그뿐 아니라 예수의 인생 스토리와 초기 교회의 사건들은 마치 신비한 주문을 바라기라도 하는 것처럼 기도했던 이들의 오랜 신화로 박제되어버렸다. 나와는 무관한 이야기로 치부되어버린 거룩한 이야기는 더 이상 의미를 가지지 못한다. 그저 과거 속에 묻혀 있는 오랜 전설이다. 시대의 절대정신처럼 여겨지던 이야기의 담론들은 하나둘 해체되어 그 흔적만을 확인할 수 있다. 특히 서구 사회에서는 기독교가 제공하던 구원의 거대한 이야기가 붕괴되기 시작했다. 오히려 신성한 이야기는 애국심이란 신앙으로 무장되어 국가를 신성화하여 그들의 정치적 이야기에 굴복해 새로운 이데올로기에 복속되었다. 미셸 푸코(Michel Foucault)의 주장처럼 거대한 이야기(담론)들은 언제나 정치 권력과 결탁되어 있었고 지식으로 무장하여 자신들의 영역을 더욱 공고히 해왔는지 모른다. 그것은 강요된 이야기였고 지배

---

4   한병철, 최지수 역, 『서사의 위기』(서울: 다산초당, 2023), 21-22.

도시를 어떻게 충만케 할 것인가?

층의 서사였으며 현실 사회를 왜곡되게 바라보게 하는 기제로 작동하는 허황된 이야기일 뿐이었다.

　세속 사회에서 충만한 존재로 살아가는 것은 영적인 이야기의 회복과 거룩한 일상의 '예전적인 삶'(ritual life)을 전제로 한다. 아침에 일어나서 기도하며 하루를 시작하는 것. 식사를 통해 신의 은총과 자연에 대해 감사를 표하는 것. 묵상과 거룩한 읽기로 생각을 정리하고 마음을 다스리는 것. 걸으면서 일상의 순간순간들을 기억하고 체험하는 것. 누군가와 대화하면서 공동체적 온기와 타자에 대한 경외감을 갖는 것. 주어진 일을 하며 작은 성취를 느끼고 건강을 유지하는 것. 가족과 함께하는 시간으로 생명의 경이로움을 느끼고 자신의 모든 것을 내어주는 기쁨을 얻는 것. 잠이 들고 깨면서 또 다른 죽음과 부활을 경험하는 것. 어쩌면 오늘날 초월적 삶을 살아가는 것은 일상의 실천을 새롭게 해석하고 받아들이는 것인지도 모른다.

　세속 사회가 잃어버린 신성함은 인간을 도구적 존재, 욕망의 동물로 전락시켰지만 거룩한 이야기는 본래의 위치로 인간을 올려 세운다. 신학은 언제나 인간의 삶의 자리에서 출발했다. 성경을 보라. 모두 땅을 딛고 살아가는 평범한 인물들의 일상 이야기다. 신학은 평범한 그리스도인의 신앙을 설명하고 해석해왔으며, 초월의 언어를 보통의 언어로 번역하면서 거룩함을 재발견하려는 시도는 신학자들의 몫이었다. 이러한 일상을 탐구하는 신학은 모든 이들의 삶을 성찰적으로 묵상하고자 하는 신앙의

추구다.[5]

　에밀 뒤르케임(Emile Durkeim)은 『종교생활의 원초적 형태』에서 전통 종교들의 가장 큰 특징인 성(sacred)과 속(profane)을 엄격하게 구분했다. 성스러운 것은 어떤 초월적인 현상이나 죽은 이의 무덤같이 이 땅의 것이 아닌 것과 접촉되어 따로 분리된(set apart) 어떤 것이다. 그러나 그가 간과한 것은 성스러운 것을 구분하고 분리하는 경계가 모호하다는 점이다. 신성한 것은 성과 속을 모두 포괄하는 것으로서 마치 예수의 성육신(incarnation)처럼 하나 안에서 수렴된다. 속된 것 안에 성스러운 것이 위치하며 반대로 성스러운 것이 속된 것을 통해 표현된다. 성/속의 이분법은 둘 다를 왜곡시킨다. 성과 속은 서로를 향하여 있을 때, 서로가 관계될 때 더욱 분명해지기 때문이다.

　영적 초월성과 일상성도 마찬가지다. 초월적 삶은 절대로 형이상적이 되지 않고 개인 안으로 사사화(privatization)되지 않는다. 초월성은 한 개인의 내면에 머물지 않는 '공적 영성'(public spirituality)이자 '공동체적 영성'이다. 사회의 전 영역을 아우르면서도 세속으로부터 건져내는 다른 성질의 영성이다. 공적 초월성은 개인의 신앙을 넘어선다. 세속 사회에서 일상을 초월적으로 살아가는 것은 하나의 공적인 삶의 참여(public

---

5　Kevin J. Vanhoozer, "What Is Everyday Theology?," edited by Kevin J. Vanhoozer, Charles A. Anderson, Michael J. Sleasman, *Everyday Theology* (Grand Rapids: Baker Academic, 2007), 17.

도시를 어떻게 충만케 할 것인가?

engagement)이자 정치적인 활동이다. 거룩한 이야기의 일부로서 자신을 고백하는 동시에 공적 일상을 재탄생시키는 일이다. 현대의 실천적 묵상가들은 개인의 원두막에 갇혀 있지 않았다. 새로운 관점으로 사회를 바라보면서 변혁적인 목소리를 내고 앞장서서 다른 길을 걸어갔다. 평범한 그리고 보통의 걸음걸이지만 그 행위가 담보하는 엄청난 신학적 통찰과 실천은 우리로 하여금 고개를 숙이게 만든다. 공적 영성의 추구가 변질되지 않고 개인의 만족을 넘어서기 위해서 우리는 영성의 결과를 주목해야 한다. 그것이 누구의 만족으로 끝나는지를 자세히 들여다볼 필요가 있다.

우리는 코로나19를 통해 전혀 다른 일상을 경험했다. 고립되고 단절된 삶은 한 개인이 익명의 누군가와 얼마나 깊이 있게 연결되어 있는지를 깨닫게 하는 동시에 확장된 가족(expanded family)으로서 공동체를 살아가는 방식이 얼마나 존귀한 일인지 배우게 한다. 우리는 분리된 자아가 갖는 고립감이 일상과 삶을 얼마나 망가뜨리는지 목격했다. 스스로의 담장을 높이 쌓아 올린 거대한 도시와 단절된 감옥은 우리 모두를 무너뜨린다. 먹고 마시고 대화하고 함께했던 모든 순간의 진실된 가치를 재발견할 필요가 있다. 거대한 재앙 앞에서 우리는 개인의 성공과 번영을 향한 삶, 자연과 타자를 향한 탐욕적 삶이 얼마나 허무한 것인지 깨달았다. 그동안 우리의 일상이 무엇으로부터 지배를 당해왔는지 이제는 폭로할 때가 되었다.

그렇다면 우리의 일상과 공간의 회복은 무엇으로부터 출발해야 할까? 그것은 바로 충만함(fullness)이다. 충만함은 나 홀로 추구하는 깊은 영적 차원이 아니다. 충만함은 내 속에서 발화되는 무언가가 아니다. **충만함은 밖에서 안으로 끊임없이 흘러들어오는 은혜의 부어짐이며, 일상을 변화시키고 흘러넘쳐 모두를 새롭게 하는 신성한 힘이다.** 가득 채워진 충만함은 딱딱한 상자에 담긴 물건이 아니라 마치 물처럼 유연하고 어떠한 모양의 변화에도 본질을 잃지 않은 근원의 힘이다. 그것은 신적인 타자와 깊숙이 연결되어 있으며 반드시 누군가와 함께하는 영역이다. 미로슬라브 볼프(Miroslav Volf)가 제안한 공동의 번영(flourshing)은 충만함의 상태로 인간뿐 아니라 피조세계를 감싸시는 하나님의 은총으로부터 온 우주를 포용한다. **신학의 목적은 모든 생명의 충만함에 있다.**[6] 그 충만함은 이 땅을 사랑하시는 하나님의 사랑의 표현이다. 하나님 나라 안에서 발현되는 충만함은 그리스도를 통한 새로운 창조이며 모든 피조세계가 생을 이어가는 일상의 참된 가치를 복원케 하는 능력이다. 일상의 충만함은 하나님의 현존을 느끼며 그분의 대리자로 이 땅을 살아가는 것이다. 중요한 것은 하나님 안에서, 모든 생명 안에서, 일상의 향연을 즐기는 것이다.

　　우리는 잠깐의 멈춤이 필요하다. 이것은 종교가 성장하고 쇠퇴하고의 문제가 아니다. 이제는 탐욕을 향한 걸음에서 돌아서서 우리의 삶이 무엇을 향하여 서 있는지 질문할 시간이다. 그리스도인으로서 한 사람이 어떻게 바로 설 수 있을지, 그의 바로 섬이 어떻게 모두의 일어섬이 될

6　　Miroslav Volf, Matthew Croasmun, *For the Life of the World: Theology That Makes a Difference* (Grand Rapids: Brazos Press, 2019), 76.

수 있는지를 고민하고 실천할 때다. 충만한 삶을 종교의 언어로 서술하기보다는 일상의 영적인 가치를 탐구하고 살아내도록 사람들을 인도할 필요가 있다. 세속 사회가 잃어버린 종교의 가치와 영적 차원을 복구하고 그것을 다시 일상화하는 작업이 필요하다. 각자의 삶의 공간을 거룩한 존재들로 채우고, 자신의 시간이 그저 흘러가는 모습을 관망하는 것이 아니라 거룩한 중심을 향하도록 재설정해야 한다. 세속적 욕망들이 뭉쳐서 만들어낸 현대 사회 시스템을 거부하고 대안적 삶으로서의 영성의 일상을 살아간다면 우리는 하나님의 창조세계의 원형으로 조금 더 가까이 다가갈 수 있을 것이다.

『도시를 어떻게 구원할 것인가?』를 출간하고 3년이 지났다. 도시 신학(urban theology)이라는 낯선 분야를 국내에 소개하면서 다양한 각도에서 도시를 살펴보았다. 하지만 여전히 도시적 일상과 공간 문제는 신학의 중요한 이슈가 되지 못하고 있다. 도시적 삶, 어버니즘(ubanism)을 성찰하는 것은 왜곡된 도시의 일상을 고발하는 동시에 창조적인 일상의 회복을 추구하는 작업이다. 도시적 일상과 공간의 실천을 위해서 세속 도시가 잃어버린 초월성과 관계성을 회복할 필요가 있다. 나는 이 책을 통해 세속 도시에서 영적인 것과 종교적인 것이 어떻게 현실 사회와 인간의 일상에 변화를 가져올 수 있는지를 고민했다.

이 책은 크게 두 부분으로 구성되어 있다. 1장에서 3장까지는 도시의 '일상'에 관한 신학적인 탐구를 시도했다. 일상 신학(ordinary theology)의 일환으로서 세속화된 도시의 일상을 분석하고 기독교의 전통과 예전을 통한 새로운 관점을 제안한다. 1장 "도시의 일상과 해체된 리듬"은 2021년 봄, 인문학&신학 에라스무스 연구소 모임에서 발표했던 글을 초안으로 삼았다. 코로나19를 거치면서 일상의 새로운 시각이 필요하다는 점을 고민하면서 세속화된 일상에 초월적인 변혁이 일어나길 기대하며 작성했다. 앙리 르페브르(Henri Lefebvre)의 『리듬 분석』을 읽다가 일상의 리듬을 성찰했고, 특히 후기 세속(post-secular)의 담론으로 접근하려 했다. 후기 세속화는 종교의 공적 귀환을 알리는 동시에 세속 사회에서 공적 종교의 역할을 고민하게 하는 큰 패러다임이다. 나는 이 관점에서 공공신학과 도시 신학을 전개하고 있다. 2장 "세속적 욕망, 도시의 엔진"은 도시 신학에 관한 **근원적 정통주의**(Radical Orthodoxy)의 입장을 조금 더 확장한 내용이다. 제임스 K. A. 스미스(James. K. A. Smith)나 그레이엄 워드(Graham Ward)의 입장에서 도시를 하나의 '욕망 공동체'로 해석하면서 왜곡된 욕망 공동체를 정화할 수 있는 방법의 하나로 기독교의 예전을 주목한다. 세례와 성만찬 같은 기독교의 예전은 종교 행위를 넘어 세속화를 극복할 수 있는 중요한 도시 공동체적 실천이다. 3장 "예전, 시간의 충만함"에서는 도시의 일상이 어떻게 거룩한 순간을 포착할 수 있을까를 고민한다. 아침에 일어나서 저녁에 잠들기까지 반복되는 도시의 삶에서 초월적 찰나를 경험하고 맛볼 수 있는 성찰과 신비를 다룬다. 예전을 통해 경험되는 '시간의 충만함'은 세속 도시를 초월할 수 있는 핵심적인 논의가 될 것이다.

4장에서 6장까지의 주제는 '공간과 장소'다. 여기서는 공간과 장소

신학의 관점에서 도시 공간의 세속화를 비판하고 공간의 기원으로서 삼위일체 하나님의 관계성을 제안하면서 거룩한 공간과 관계적인 장소의 필요성을 제안했다. 4장은 기독교사회윤리학회 학회지인 「기독교사회윤리」에 게재된 글을 수정한 내용이다. 위르겐 몰트만(Jürgen Moltmann)과 T. F. 토랜스(T. F. Torrance)를 중심으로 공간에 관한 신학자들의 논의를 서술하면서 공간의 신적 본성을 확립했다. 공간의 기원으로서 삼위일체 하나님의 공간성을 분석하면서, 예수 그리스도의 사역이 갖는 장소적 의의를 고찰했다. 5장은 실천신학학회 학술지인 「신학과 실천」에 게재된 글을 수정한 것이다. 세속 도시 속에서 거룩한 장소, 즉 교회와 같은 종교적인 공간이 갖는 정치 사회적 특성을 설명하면서 탈세속의 관점에서 거룩한 공간이 갖는 의의를 서술했다. 6장에서는 세속 도시의 공간을 거룩하게 전환시킬 수 있는 방법들을 소개한다. 장소를 올바르게 기억하기, 성찰하며 걷기, 충만하게 머무르기 등의 소소한 장소적 실천을 어떻게 탈세속적 삶의 방식으로 전환할 수 있는지를 고민한다. 그리고 7장에서는 도시의 일상과 공간을 실천하는 신학을 제안한다. 일상과 공간 안에서 종교적 초월성과 삶의 진정성을 갈망하는 모든 이들에게 이 책이 작은 도움이 되길 바란다.

2020년 11월 13일 하남에서 / 2023년 12월 30일 잠실에서

1장 ──────

도시적 일상과 해체된 리듬

저녁이 되고 아침이 되니 이는 첫째 날이라(창 1:5).

올림픽 대로를 타고 출근하는 평일 오전 9시. 출근길 서울은 숨 막히는 풍경이다. 가다 서다를 반복하다가 한참이나 걸려 어느덧 잠실역에 도착했다. 123층을 자랑하는 롯데월드타워, 아이들의 꿈동산 롯데월드, 재건축을 기다리는 잠실 주공 5단지와 장미 아파트, 그리고 대로변에 늘어선 고층 빌딩 사이를 바쁘게 오가는 사람들의 모습은 전형적인 현대 도시의 일상이다. 땅속으로 연결된 지하철 2호선과 8호선은 승객들을 연신 실어 나르고 거대한 도시의 생태계를 구축하며 도시의 공간들을 연결한다. 숨 가쁘게 돌아가는 도시의 하루. 해가 지고 밤이 되면 아침의 풍경이 다시 재현된다. 사람들은 하나둘씩 땅속으로 들어가거나 통근 버스를 타기 위해 정류장에서 길게 줄을 선다. 그리고 다시 아침이 오기를 기다리며 도시는 그렇게 잠이 든다.

현대 도시의 일상은 아침에 눈을 뜨고 밤에 눈을 감으면 언제나 같은 자리다. **쳇바퀴를 맴도는 다람쥐처럼 되풀이되는 생의 반복은 무의미한 순간의 연속처럼 보인다.** 매일 반복되는 도시의 일상은 어떤 의미가 있을까? 일상의 소소한 생각과 행동들은 무엇과 연결되어 있을까? 미처 대답을 떠올리기도 전에 모든 것이 똑같이 반복된다.

강영안은 『일상의 철학』에서 일상을 다음과 같이 서술했다. "사람이면 누구도 벗어날 수 없고(필연성), 진행되는 일이 이 사람이나 저 사람이나 비슷하며(유사성), 반복되고(반복성), 특별히 드러난 것이 없으면서(평범성), 어느 하나도 남아 있지 않고 덧없이 지나가는(일시성) 삶. 이것이 일상이요, 일상의 삶이다."[1] 일상을 벗어난 삶은 없다. 일상은 우리 삶의 중심이자 변두리다. 찰나에 사라지는 보통의 시간이요, 모두의 경험이지만 일상을 통하지 않고는 그 무엇도 자리할 수 없다. 특별한 순간이 더욱 의미 있는 듯 보이지만, 일상을 떠나서는 그 무엇도 존재하지 않는다. 비일상도 일상의 연속이며, 탈일상은 다시금 일상으로 돌아오는 것을 전제로 한다. 도화지의 흰 여백처럼 일상은 우리의 모든 시공간을 감싸고 있다.

하지만 무의미한 것처럼 반복되는 **일상의 모든 순간은 사실 신의 은총으로 가득 찬 생(生)의 순간이다. 창조주의 사랑의 숨결을 느끼고 살아 있음을 경험하며 누군가에게 따뜻한 미소를 지을 수 있는 것도 우리의 일상이다.** 그렇다면 평범함의 반복으로 인해 덧없는 일상을 신학적으로, 신앙적으로 어떻게 해석할 수 있을까? 우리의 일상을 진지하게 성찰하지 못한다 하더라도, 그 속에서 초월성을 경험하고 구원의 사건을 체험할 수 있는 것이 무엇인지 한 번쯤은 생각해보아야 하지 않을까? 신학은 모든 삶에 관한 믿음의 해석이며, 진정한 것을 추구하는 삶의 실천을 목표로 한다. '종교를 떠났지만 여전히 신을 그리워하는 세속 사회'에 사는 현대

---

1   Henri Lefebvre, Frank Bryant tr., *The Survival of Capitalism* (London: Allison and Busby, 1976), 21. 최병두, 『근대적 공간의 한계』(서울: 삼인, 2002), 16에서 재인용.

인의 일상은 초월적인 무언가를 향한 목마름으로 가득하다. 그래서 끊임없이 탈일상적인 것을 추구한다. 일상에서 벗어나고자 몸부림친다.

> 사람들은 일상 속에 살면서 일상을 탈출할 수 있는 방법을 모색한다. 어떤 사람은 게임을 즐기기도 하고, 스포츠를 하기도 하고, 영화관으로 달려가기도 한다. 어떤 사람은 문학 작품 속에 담긴 이야기를 통해 오늘의 일상과는 다른 현실을 만나기도 하고, 음악을 통해 일상을 잊고 새로운 현실 속에 하나 된 기쁨을 누리기도 하고, 친구와의 만남을 통해 속 깊은 삶을 나누기도 하고, 기도와 찬송, 예배를 통해 깨어진 현실 속에서 회복의 소망을 누리기도 한다.…그런데 일상으로부터 초월이 어떤 모습을 취하든지 누구나 다시 일상으로 돌아오기 마련이다.[2]

어쩌면 일상은 잠시 떠나거나 영원히 탈출할 수 있는 성질의 것이 아닌지 모른다. 내 삶을 구성하는 일부이거나 전부로서의 일상은 내가 기대고, 버티고, 업고 가야 하는 나의 전부일 수 있다. 일상적인 것, 즉 먹고, 자고, 놀고, 웃고 우는 모든 것들을 고민하는 신학자들이 그리 많지 않다. 일상의 삶을 향한 질문은 카페에서 친구와 나누는 가벼운 대화의 주제거나 각자가 알아서 해답을 찾아야 하는 수수께끼와 같은 것인지 모른다. **하지만 일상은 성과 속이 혼재하면서도 끊임없는 거룩의 추구가 일어나는 신**

---

2   위의 책, 26-27.

비의 영역이자 초월적인 장이다. 우리의 일상은 하나님을 경험하는 장이자 세속에서 뒹구는 언덕배기와 같다. 누군가와 사소한 만남이 이어지고, 예기치 않은 사건들이 발생하며, 밭에서 보화를 찾는 참된 의미의 생의 담론들이 형성되는 장이다. 이러한 **일상을 새롭게 해석하는 것은 초일상을 통해서 가능하다.** 일상 너머의 일상을 누리는, 일상을 창조하시고 섭리하시는 그분의 시선으로 우리를 바라볼 때 일상은 온전한 자리를 찾게 된다. 하나님은 우리의 일상 한가운데로 찾아오시는 분이기 때문이다.

왜곡된 도시의 일상

일상은 우리의 평범한 삶이다. 태초부터 지금까지 형태의 변화는 있었지만 내용은 크게 바뀌지 않았다. 아니 바뀔 수 없었다. 그것은 인간의 기본적인 욕구를 충족하는 행동이며 생(生)의 원칙과도 같기 때문이다. 먹고, 마시고, 일하고, 쉬고, 자고, 노는 모든 순간이다. 하지만 우리의 일상은 근대세계의 등장으로 변화를 맞기 시작한다. 세속화 이후 도래한 산업화로 생활 양식이 바뀌고, 사람들의 노동 환경이 변화하면서 의식주 전반에 걸친 기계적인 혁명이 일어났다. 근대적 일상은 계획되고 평가되며 효율성과 이익을 위해 새롭게 디자인되기 시작한다. 자연의 리듬을 타던 삶에서 도시적 리듬으로 삶의 주기가 변화되었고, 노동의 시간적 효율성을 사람의 존재적 가치를 평가하는 기준으로 제시하기 시작했다. 성장의 결과로 축적된 부가 한 곳에 집중되고 재투자되면서 세속 도시는 팽창되고, 인구가 몰리면서 도시의 리듬이 차츰 달라지기 시작한다. 도시의 일상은 시골과 다르게 인위적이고 강제적이다. 개인의 선택이라기보다는 암묵적으로 동의한 사회적 계약과 경제의 흐름을 따른다. 도시의 시간은 꽉 짜인 시간표를 수행하듯 하루하루가 치열하다. 그 흐름에서 뒤처지는 낙오자는 사회의 부산물이 되고 만다.

앙리 르페브르는 『리듬분석』[3]에서 현대인의 일상성이 가지는 리듬(rhythm), 즉 시공간에 일정한 패턴으로 흘러가는 공간의 시간성 또는 시간의 공간성이 근대화 이후 산업화와 자본주의로 인해 왜곡되고 변형되었다고 지적한다. 사계절의 변화와 자연의 패턴을 따르던 일상의 흐름, 즉 봄에는 밭을 갈고 씨앗을 뿌리며 가을에는 곡식을 거두는 것처럼, 일상은 자연의 흐름에 맞춰져 있었다. 하지만 근대화와 세속화 이후 인간이 자연과 공동체로부터 분리되면서 이익을 창출하는 기계적 삶을 살기 시작한다. 공장의 기계와 자동차 엔진처럼 끊임없이 움직이고 일을 하면서 자신의 생산성을 증명해야 했다. 인간의 가치는 그가 창출하는 상품/효율성으로 평가됐다.

리듬(rhythm)은 음악에서 사용하는 용어다. 노래는 일정한 템포에 따라 박자를 타고 음의 높낮이가 바뀌면서 아름다운 하모니를 이룬다. 훌륭한 노래라 하더라도 박자가 뒤틀리거나 템포가 일정하지 않으면 듣는 이

---

3   앙리 르페브르, 정기헌 역, 『리듬분석』(서울: 갈무리, 2015).

에게 거북스럽게 다가오기 마련이다. 르페브르는 우리의 일상에도 리듬 곧 율(mesure)이 존재한다고 여겼다. 자연과 절기의 순환에 따르는 리듬과 해가 뜨고 지는 일과의 반복, 그리고 심장 박동이나 호흡과 같이 생체적으로 항상성을 유지하려는 각각의 리듬이 존재한다. 생리적 혹은 심리적 리듬처럼 감춰진 리듬이 있고, 달력, 의례와 같은 사회적 리듬이 있으며, 언어적이고 제스처에서 나타나는 가상의 리듬 그리고 지배자와 피지배자 사이에 발생하는 리듬도 있다.[4] 리듬은 공간과 시간, 에너지를 한데 묶어 존재를 일정하게 유지시키고 생성, 성장, 쇠퇴의 순환을 통해 개개인의 삶을 하나의 노래로 완성해간다. 사회와 공동체가 가지는 리듬은 절기와 의례같이 공동체의 전통으로 내려오거나 정체성을 형성하고 자신과 타자를 해석하게 하는 하나의 이데올로기가 된다. 어떤 리듬을 타고 노래를 부를 것인가는 각자가 정하는 것이 아니라 이미 주어진 사회의 오선지에 정해져 있으며, 각 개인은 음표의 어디에 위치할 것인가만 선택할 수 있다. 안단테(Andante)로 부를지 알레그로(Allegro)로 부를지는 내가 정하지 않는다. 시민들(음표)은 지휘자(사회 시스템)의 인도에 따라 일정한 템포로 각자의 소리를 내어 조화를 이루는 것이다. 아주 빠른 속도로 말이다.

그렇다면 도시적 일상이 펼치는 음률은 무엇일까? 도시민들은 어떤 리듬에 따라 자신의 삶의 노래를 부르고 있을까? 현대인의 일상을 기획하고 시간과 공간의 동선을 조율하며, 그 시간표에 우리의 존재를 맡기도

---

4   위의 책, 85.

록 하는 것은 무엇일까? 이 도시적 음율을 작곡하고 지휘하는 이는 누구일까? 우리는 어떤 오케스트라의 연주와 함께 리듬을 타고 있을까?

　　도시의 음율은 자연의 사계절과 낮과 밤의 흐름을 따르지 않는다. 그들의 템포는 아주 빠르고 쉼표가 없으며 마지막까지 시민들을 클라이막스로 몰아간다. 음표들(시민들)은 최고의 소리를 내도록 조율되어 있으며, 화음이 아닌 불협화음 속에서도 더 높은 음을 내야 한다. 싱어송라이터가 부르는 작곡인 줄 알았는데 **사실은 현대성/근대성이라는 짜여진 음율에 우리가 아주 짧은 애드리브(ad lib)를 탔던 것이다.** 현대의 일상적인 노래의 끝은 인간의 욕망이다. 누구를 향하는 노래인지 모르나, 인간의 욕망을 노래하고 그것을 성취하려는 일상은 인간을 빛이 아닌 어두움으로 인도한다. 무언가를 쫓아가지만 정작 그 방향이 어디인지를 알지 못하는 허무의 세계로 이끌어간다. 욕망의 노래는 되돌아오지 않는 메아리처럼 아득히 사라져간다. 도시의 일상은 해가 지는 것으로 끝이 난다. 아니 다시 해가 뜨기를 기다리며 좌절과 분노의 밤을 지새운다. 더 나은 내일을 꿈꾸지만 욕망을 엔진으로 하는 내일의 기다림은 자아를 다시 분노와 좌절의 시간으로 인도할 뿐이다.

　　도시의 지휘자는 누구일까? 우리를 훈육하고 도시적으로 살아가도록 이끄는 이는 누구일까? **그것은 바로 우리의 욕망이다.** 세속 도시 안에는 개인의 욕망과 공동의 거대한 욕망이 동시에 작동한다. **그레이엄 워**

드(Graham Ward)가 말하듯 도시는 욕망 덩어리다.[5] 저마다의 성공을 향한 욕망들이 한데 뒤섞여 만들어진 것이 오늘날의 도시다. 멋진 자동차들과 화려한 간판, 사람들의 패션 그리고 고층 건물들을 보라. 더 멋지고 아름다운 것을 향한 인간의 욕망은 하늘을 뚫고 올라가려는 인간의 상승 욕구와 세상을 정복하고자 하는 인간의 성취욕을 동시에 보여준다. 쇼핑몰은 물신 숭배를 향한 인간의 탐욕을 자극하며 새로운 종교 건물로서 사람들을 끌어모은다. 특정 브랜드를 신봉하고 특정 상품을 구매하며 자신의 가치를 드러내 보이려는 인간은 결국 맘몬의 노예로 전락하고 만다. 국회의사당 같은 권력의 중심지는 도시의 심장부처럼 움직인다. 시민들의 삶을 통제하고 재단하며 보통의 사람으로 살아가기를 종용한다. 도시의 일상은 자신의 이익을 극대화하기 위해 만들어 놓은 룰(rule)이 지배하지만 결국 그 규칙은 권력에 의해 왜곡되고 억압된다. 도시의 리듬은 서로를 충동질하며 빨리 따라오라고 사람들을 재촉할 뿐이다.

　　도시의 일상에는 전복적인 변화가 필요하다. **어두움의 욕망을 거룩하고 선한 욕망으로, 세속을 탐하던 방향에서 하나님을 갈망하도록 하는 여과지가 필요하다.** 도착점도 없이 질주하는 개인들을 잠시 잠깐이라도 멈춰 세울 수 있는 휴식의 시공간이 주어져야 한다. 자신의 노래는 누구를 위한 것인지 질문하고 토론하는 장이 절실하다. 새로운 사회를 상상하고 시민들의 삶을 덕스럽게 가꾸며 공동체의 아름다운 이야기를 들려줄

5　　　Graham Ward, *Cites of God* (New York: Routledge, 2000), 53.

도시를 어떻게 충만케 할 것인가?

무대가 필요하다. 그렇다면 도시적 일상에 변화를 꿈꾸며 창조적인 삶을 가능하게 하는 신학적 해석은 무엇일까? 근대적 리듬에 대항할 수 있는 다른 일상의 리듬을 어떻게 상상할 수 있을까?

세속의 도시를 탈출할 수 없다면, 이 공간을 탈세속적인 신성함으로 가득 찬 충만한 시공간으로 만들어가는 것은 어떨까? 여기서 잠깐 도시의 한복판에 수도원이 자리하고 있다고 상상해보자. 도시 속 수도원의 문을 열고 들어오면 전혀 다른 리듬과 템포로 구성된 공간이 등장한다. 사람들의 표정과 말투에서 여유와 부드러움이 가득하다. 수도원을 가득 채운 신비한 아우라는 공간의 크기와 상관없이 모두를 압도한다. 저 멀리서 성가곡이 울려 퍼지고 주방에서는 갓 구운 빵과 수프가 낯선 이들을 맞이한다. 오랜 고목에서 퍼져나오는 나무 향과 도서관에 꽂아둔 책들의 종이 향내가 복도에 가득하다. 문 하나를 사이에 두고 두 세계가 공존한다. 마치 신비한 세상 속으로 빨려 들어온 분위기다.

폴라 구더(Paula Gooder)는 *Everyday God*에서 수도자의 삶, 곧 기도와 노동, 예배와 공동의 삶이 가져다주는 거룩한 리듬에 관한 통찰을 언급했다. 수도원의 삶은 일상의 깊은 곳을 성찰하게 하며 사람들을 안내한다. 우리는 그 안에서 하나님을 경험하며 수도원의 리듬을 따라 우리 영혼의 리듬을 재형성해간다.[6] 교회는 도심 속 수도원으로서 세속의 리듬과는 다른 새로운 리듬과 운율을 익히는 또 다른 도시적인 공동체다. 세

---

6   Paula Gooder, *Everyday God* (Canterbury Press, 2012), 9.

속의 한복판에서 하나님의 운율에 맞춰 그분을 찬양하는 영광스러운 삶을 살아가도록 우리를 독려한다. 세상과는 다른 박자로 리듬을 타며 자신만의 고유한 노래를 부르는 것은 욕망의 합창이 아닌 거룩한 고백의 독창을 통해 진실된 음을 찾는 작업이다. 현대 사회가 잃어버린 거대한 노래(내러티브)의 회복은 그것을 공동체적으로 실천했던 오랜 예전의 실천과 삶의 초월적 의미와 가치를 부여하는 성스러움의 재발견으로 가능하다.

세속의 리듬을 정화하는 기독교의 전통은 유대인들의 안식일 규정에서 확인할 수 있다. 7일마다 안식일을 지키는 것은 거룩한 리듬을 유지하려는 그들만의 방식이다. 안식일의 거룩함은 특정한 공간에서 발생하는 무언가가 아니라 **시간의 거룩한 리듬을 유지하고 계승하려는 영적인 습관이었다.** 특히 토요일 저녁부터 시작되는 키두쉬 의식은 그 정점에 있다. 가족이 식탁에 모여 촛불을 켜고, 시편 기도를 암송하며, 자녀를 축복하고 공동 식사로 이어지는 이 의식은 세속의 왜곡된 리듬을 거부하며 새로운 운율에 가족 모두를 맞추어가게 한다.

마르바 던(Marva Dawn)은 『안식』에서 카렌 마인즈의 책을 인용하여 유대인의 안식일 전통을 다음과 같이 소개한다.

1. '지키다'와 '기억하다'를 상징하는 두 개의 촛불을 켠다.
2. 카발라트 샤바트(Kabalat Shabbat)—시편을 암송하며 창조를 언급하는 고대의 저녁 기도회로서 키두쉬 의식의 첫 기도—를 갖는다.
3. 자녀를 축복한다.

도시를 어떻게 충만케 할 것인가?

4. '너희에게 평안이'라는 노래를 부른다―천사들을 맞아들인다.

5. 남편이 잠언 31:10-31의 말로 아내를 축복한다.

6. 키두쉬 즉 안식을 위한 성화의 기도를 함으로써 포도주에 축사한다.

7. 손을 씻는 의식을 행하고 그다음 꽈배기 형태의 전통적인 빵인 할라 (challa)를 놓고 축사한다.

8. 웃고 노래하면서 음식을 먹고 즐긴다.

9. 식사가 끝난 후에 축사를 한다.

10. 나머지 저녁 시간 동안 가족과 친구들과 대화하며 토라(Torah)를 공부한다.[7]

안식일에 지키는 키두쉬 의식은 형식적인 종교 행위라기보다는 일상에서 거룩함으로 들어가는 과정이라 할 수 있다. 식탁의 공간에 함께 둘러 앉은 가족들과 거룩한 시간과 공간을 향유하며 같이 만찬을 즐기는 일련의 과정에서 전혀 다른 도시의 삶을 경험하게 된다. 세속의 삶을 잠시 벗어나 거룩한 시간과 공간을 통해 하나님을 찾고 가족 간의 사랑을 고백하며 함께 생명을 이어가는 안식의 실천은 세속적 일상에 균열을 내기에 충분하다.

거룩한 리듬감은 유대인들만의 것이 아니다. 주일 예배로 한 주를 시

---

7 Mains, *Making Sunday Special* (Waco, Tex: Word Books, 1987), 25-37. 마르바 던, 전의우 역, 『안식』(서울: IVP, 2001), 27-28에서 재인용.

작하며, 매일 아침과 저녁으로 드려지는 기도와 자아를 돌아보는 묵상과 거룩한 독서(*Lectio Divina*), 공동체가 함께 찬양하며 지키는 절기들(사순절, 부활절, 추수감사절, 성탄절)은 세속 사회가 잃어버린 거룩한 리듬의 삶을 구체적으로 살아가는 방식이다. 현대인들이 과거의 중세 수도원으로 되돌아갈 수는 없지만 단순한 영성과 흐름의 삶을 통해 새로운 수도원의 삶을 되살림으로써 왜곡된 근대적 리듬을 새롭게 하는 단초를 마련할 수 있을 것이다. 왜곡된 일상의 도시적 리듬에서 벗어나 거룩하면서도 창조적인 자신만의 리듬을 회복하기 위해 우리는 새로운 일상성을 성찰할 필요가 있다. 그리고 무의미한 표정과 냉소로 대표되는 현대인의 얼굴을 뒤로하고 그 속에서 차이와 변화를 일으킬 수 있는 일상의 작은 미소가 있어야 한다. 빈곤한 일상이 아니라 신성함으로 가득찬 일상을 위한 성찰들 말이다.

일상의 해방과 구원

일상의 신학적 상상은 태초에 이 땅에 일상이 시작되었던 순간으로부터 출발한다. **태초에 하나님의 일상이 있었다. 하나님의 일상은 창조와 생명력으로 가득하다. 하나님은 혼돈과 무질서 속에서 생명의 질서를 부여하고, 빛으로 그 출발을 알리셨다.** 창조의 시간은 '저녁이 되고 아침이 되니'로 표현되어 있다. 첫째 날, 둘째 날, 셋째 날의 구분은 빛과 어둠의 반복

도시를 어떻게 충만케 할 것인가?

으로 이루어진다. 우리는 여기에서 흥미로운 점을 발견할 수 있다.

현대인의 일상은 아침에 눈을 뜨고 열심히 일한 다음 하루의 끝인 저녁을 맞이하는 것으로 마무리된다. 하지만 유대교-기독교 전통의 창조적 일상은 그렇게 흘러가지 않는다. 성경의 시간은 저녁에 출발하여 아침으로 가는 시간의 흐름이다. 이것은 무엇을 의미할까? 오늘날 일상은 생성에서 소멸로 향한다. 태어나서 죽는 것으로 하루와 삶이 구성된다. 그러나 **하나님의 일상은 어둠에서 빛으로 향해 있다. 혼돈에서 빛으로 나아간다. 불완전에서 완전으로 나아간다. 세속의 시간은 어둠과 끝, 마침으로 나아가지만, 신앙의 시간은 빛과 완전함을 향해 나아간다. 신앙의 시간은 어두움을 뚫고, 아니 어두움을 기다림의 시간, 상상의 시간, 성찰과 정화의 시간으로 바꾸고 완성을 향해 간다.**

세속의 리듬을 제거하고 다시 거룩한 리듬을 타는 것은 전혀 다른 음률에 자신을 맡기는 것이다. 이는 습관과 삶의 패턴의 변화를 의미한다. 거룩한 리듬은 거룩한 시공간 안에서 발견된다. 세속과는 분리된 성스러움과의 만남은 일상을 새롭게 해석할 열쇠가 된다. 제임스 스미스는 『습관이 영성이다』에서 다음과 같이 말한다.

우리는 기독교 예배의 주기와 리듬을 통해 복음에 관해 어떤 방식으로도 배울 수 없는―아마도 말로 표현할 수도 없는―무언가를 배운다. 기독교 예배라는 실천에는 우리가 지성보다 더 깊은 차원에서 "안다"는 의미에서 하나님에 대한 이해가 담겨 있다. 신념이나 교리, 기독교 세계관으로 이것을 설명할 수는 없지만, 이러한 상상력 차원의 복음 이해는 세상에서 우리가 행동하는 방식을 바꾸어놓는다.[8]

스미스는 세속의 리듬을 거부하는 방식으로 기독교 예전의 중요성을 강조한다. 예전은 하나님을 향한 사랑의 구체적인 표현으로서 잘못된 삶의 방향을 옳은 방향으로 재조정하며 예배와 절기를 통해 복음의 삶을 살아내도록 우리를 재형성한다. **거룩한 리듬을 타는 창조적 일상은 하나의 중심을 향하고 있다. 저마다의 일상이 파편적으로 흩어져 있는 것이 아니라 중심을 향한 조화를 추구한다.** 나의 소리에 집중하기보다 중심의 소리에 조율하며 모두의 소리에 나를 맞추어간다. 이 음률은 하나의 메시지를 갖는다. 그것은 세상을 만드시고 구원해가시는 하나님을 향한 이야기로 가득 차 있다. 우리는 나의 욕망이 아닌 거룩한 욕망으로 변화되기를 소망하며 이 음률을 따라 부른다. 이 새로운 음률은 빠르기와 높낮이를 중요시하지 않는다. 오히려 정확한 자리에서 자신의 소리를 내지만 그것이 무엇을 위한 것인지를 명확하게 한다. 우리는 이 새로운 노래를 통해 하나 됨을 경험한다. 인종, 언어, 문화, 종교의 차이를 넘어서 파편화된 시민들의 삶을 한 곳으로 연결시켜 일치와 조화를 향하게 한다. 구원은 바로 그 순간, 새로운 리듬으로 새 노래를 부르는 이들에게 허락된다.

일상성과 근대성은 마치 동전의 양면처럼 우리 사회의 시대정신을

---

8   제임스 스미스, 박세혁 역, 『습관이 영성이다』(서울: 비아토르, 2018), 136.

형성한다. 근대는 인간의 합리성을 바탕으로 유토피아적 미래를 향해 우리를 몰고 간다. 종교가 제공했던 하나님 나라와 에덴동산은 현대 도시를 통해 구현되고 있으며 윌리엄 캐버너(William Cavanaugh)가 지적하는 것처럼 세속의 도시는 구원론적인 사명을 가지고 인간을 스스로 구원해내려 한다.[9] 도시의 일상은 자본주의에 물들어 돈에 세례를 베풀면서 시민들의 삶을 조작해갔다. 현대의 일상성에 가장 깊은 영향을 미치는 것은 모두가 인정하듯 자본이다. 자본은 일상을 상품으로 바꾸어놓았다. 시민들의 소소한 모든 활동에 가격표를 붙였다. 상품은 현대 사회에서 가장 매력적인 물건이다. 그것은 시민들의 욕구를 자극하고 그들에게 자신의 쓸모를 호소하기 위해 여러 가지 모양으로 나타난다.

세속 도시의 정신은 기술 복제와 대량 생산처럼 일상의 성스러운 아우라를 제거하면서 모조품 천국, 가짜들의 잔치판을 열어놓았다. 가판대에 놓인 상품들은 저마다 자신을 구매해달라고 아우성이다. 시민들의 욕망에 호소하며 자신들의 쓸모를 증명하려 한다. 동시에 시민들은 전시장에 놓인 상품을 구매함으로써 자신들의 가치를 증명한다. 그 결과 일상에는 초월성과 관계성 그리고 주체성을 상실한 개인과 매매를 통한 거래와 거짓된 가치 시스템만 남게 되었다.

'전시되는 사회'에서는 모든 주체가 스스로를 광고의 대상으로 삼는다.

---

9   제임스 스미스, 한상화 역, 『급진 정통주의 신학』(서울: CLC, 2011), 185.

모든 것이 전시 가치로 측정된다. 전시되는 사회는 포르노적 사회이다. 모든 것이 겉으로 나오고, 벗겨지고 노출된다.…자본주의 경제는 모든 것을 전시의 강제 아래 복속시킨다. 오직 전시적 연출만이 가치를 생성한다.[10]

일상의 왜곡은 자본주의를 통해 더욱 심화되었다. 돈이 모든 것을 평가하는 사회에서 시민들의 삶을 평가할 다른 척도는 없다. 맘몬 사회에서 의미 있는 것은 결국 돈이기 때문이다. 하지만 인간의 참된 번영(flourishing)은 하나님을 향한 생명의 충만함에서 발견될 수 있고, 그것은 자신이 아닌 타자를 향한 사랑과 연민, 자비로 표현된다. 번영은 다른 피조물과 관계하는 방식에서 구체화된다.[11] 일상의 새 창조를 위해서는 새로운 중심과 새로운 생각들이 필요하다. 그것은 인간 안에서부터 출발할 수 없다. 우리의 일상 밖 무엇으로부터 일상 안으로 뚫고 들어올 수밖에 없다.

새로움을 향한 상상은 우리가 세상에 관해 어떻게 생각하는가가 아니라, 우리가 세상에 관해 생각하기도 전에 그것을 어떻게 상상하는가의 문제다. 사회적 상상은 상상력을 불러일으키는 것들, 합리성과 객관성으로는 증명할 수 없지만 서로의 마음 안에 자리하고 있는 이야기, 신화, 상

---

10   한병철, 『투명사회』(문학과지성사, 2014), 32-33.
11   Marianne Meye Thompson, "Alpha and Omega-and Everything in Between," Matthew Croasmun edited., *Envisioning the Good Life* (Eugene: Cascade Books, 2017), 17.

징, 이미지로 구체화된다.[12] 상상은 허무맹랑한 소설을 구상하는 것이 아니라 각각의 사회와 공동체가 공동으로 꿈꾸는 공유된 새로운 세계의 이미지다. 사회적 상상은 어두운 현실을 넘어 새로운 세계를 기대하게 할 뿐 아니라 사회의 변혁과 시민들의 일상을 바꾸는 강력한 모티프를 제공한다. 그것이 하나씩 구체화될 때 상상은 망상이 아닌 현실이 된다. 마치 거대한 물줄기가 바다를 향해 흘러가듯, 시민들의 마음에 자리한 거룩한 상상의 이야기는 새로운 일상, 즉 생명력이 넘치는 덕스러움과 습관을 형성한다.

일상의 창조적 실천

세속의 일상을 향한 새로운 상상은 무엇으로부터 출발해야 할까? 무의미한 삶의 반복에 한 줄기 빛처럼 새로움을 가져다줄 수 있는 것이 무엇일까? 메마른 사막과 같은 도시 속에 오아시스처럼 쉼과 안식을 안겨줄 수 있는 것이 무엇일까? 그것을 찾으려면 근대가 잃어버린 가치와 세계관을 복구하는 초일상적인 작업으로부터 출발해야 한다. 일상을 비일상적으로 살아가는 현대인들은 일상 안에서 초월을 경험하고 관계를 새롭게 형성하며 거룩한 경험으로 일상을 재해석하고 실천할 필요가 있다. 이를 위

---

12   제임스 스미스, 박세혁 역, 『하나님 나라를 욕망하라』(IVP, 2016), 96.

해 세 가지 단계를 제안하려 한다.

중심 옮기기

세속의 일상이 작동하는 중심부로부터 잠깐 떨어져보면 어떨까? 현대의
일상은 철저히 자본을 중심축으로 한다. 돈이 흘러가는 곳에서 삶이 작
동하고 돈을 매개로 거래와 만남이 형성되기 때문에 일상이 자본의 굴
레에서 벗어나기 쉽지 않다. 일상의 중심에는 돈이 있다. 게오르그 짐멜
(Georg Simmel)은 『돈의 철학』에서 자본이 갖는 사회적, 심리적, 철학적 차
원을 면밀히 분석했다. 근대 사회의 형성과 운영의 핵심은 인격화된 돈에
있다. 사실 소비는 물건으로 한정되지 않는다. 상품에 부여된 '사회적 기
호와 상징'을 소비하는 것이다. 하비 콕스(Harvey Cox)는 소비 자체를 하
나의 주술적(종교적) 행위로 이해했다. 소비를 통한 쾌감은 일종의 종교가
제공하던 구원의 카타르시스이며 사회 집단이 부여한 최고의 가치를 획
득하는 행위다. 종교가 세속화되자 구매와 소비가 성스러움을 경험하는
매개 행위가 되었다. 사람들의 마음속에 있는 무한한 갈망이 가장 새롭
고, 가장 좋고, 가장 값비싼, 끊임없이 품질이 향상되는 상품에 투사된다.
세속 도시에서 쇼핑몰은 소비의 대성당이다. 영원(Eternity)은 캘빈 클라인
(Calvin Klein)의 향수병에 담겨 있고, 무한(Infinity)은 일본의 자동차에 들
어 있다. 사람의 마음은 더 이상 초월적 존재이자 인격이신 하나님이 거
하시는 보좌가 아니고, 사람도 더는 삼위일체를 본받아 다른 이들을 사랑

하지 않는다.[13]

창조적 일상을 살아가기 위해서는 세속 도시가 완성해놓은 소비의 일상 패턴에서 벗어나야 한다. 일상의 기저에서부터 혁명적인 변화가 필요하다. '좋은 인생', '가치 있는 인생'은 인간으로서 충만하게 사는 삶, 다시 말해 '번영'(flourishing)을 누리는 삶이다.[14] 나는 볼프가 제시한 번영을 '충만함'(fullness)으로 표현하려 한다. 번영이 갖는 세속적 뉘앙스를 고려할 때, 하나님의 신성함에 참예함으로써 누리게 되는 모든 피조세계의 상태를 충만함이 가장 잘 표현한다. 충만함은 빈곤하지 않은 상태일 뿐 아니라, 안에서부터 흘러넘치는 모습이다. 고갈되지 않고 소멸되지 않으며, 오히려 모두를 채우고도 본래의 모습을 잃지 않은 것이다. 일상의 회복과 완성을 위해서 우리는 일상의 창조자이신 하나님을 향한 시선을 회복할 필요가 있다. 거룩한 일상이 추구하는 목표를 이해하면서 생명력이 풍성히 넘치는 삶을 살아가야 한다.

미로슬라브 볼프는 『인간의 번영』에서 마르크스와 스미스를 인용하면서 시장의 역할은 일상적 삶에 봉사하는 것이어야 하며, 시장이 인간을 소모품으로 왜곡시키기보다는 지구적 공공선을 실현시키는 구체적인 장이 되어야 한다고 말한다. 만약 시장이 제 기능을 발휘하지 못할 때 적절

---

13   윌리엄 캐버너, 박세혁 역, 『소비사회를 사는 그리스도인』(IVP, 2011), 60.
14   미로슬라브 볼프, 양혜원 역, 『인간의 번영』(IVP, 2017), 17. 번영에 관한 볼프의 해석은 세속적인 풍성함이 아니라 하나님의 창조적 충만함에 근거한 모든 존재의 생동을 의미한다.

한 제재가 필요한데 그것이 바로 종교의 역할이라고 지적한다.

> (세계) 종교는 지역 문화에 상관없이 모든 인간에게 진리가 무엇인지, 정의롭고 선한 것이 무엇인지 주장한다. 그리고 고통의 속박, 죄의 문제, 지도의 결핍처럼 인간의 곤경을 진단하고, 거기에서 벗어날 수 있는 길을 제시해준다. 세계 종교는 일상적 번영을 능가하는 선을 이야기한다. 지역 종교는 인간의 일상적 번영에 관심이 있다. 반면 세계 종교는 일상적 번영을 부인하지 않으면서도 그것 너머의 선에 관심이 있다.[15]

신앙은 일상의 새로운 이해를 제공한다. 일상 너머의 무언가를 지향하면서 거기서부터 이어지는 초월적 개념과 영성으로 일상을 뚫고 지나간다. 자본을 중심으로 하는 세속의 일상에서 초월성과 영성을 중심으로 하는 거룩한 일상으로의 전환은 현대 사회를 획기적으로 개조시킬 수 있는 축이 될 것이다. 세속의 한복판에서 종교가 제안하는 거룩한 일상은 진정한 나로서 이 땅을 어떻게 풍성하게 살아갈 수 있을지를 고민하게 하며, 누구와 관계를 맺고 공동체를 이루게 하는지를 가르쳐준다. 일상의 '충만함'은 세속의 가치로만 채워지는 것이 아니라 전인적이고 영적인 것을 모두 포함한다. 우리는 일상의 새로운 중심을 거룩한 시공간으로 이동시킬 필요가 있다. 쇼핑몰 예배에서 다시금 예배당의 예전으로, 상품 숭배에서

---

15   위의 책, 101.

도시를 어떻게 충만케 할 것인가?

다시금 하나님을 향한 경배로, 감각적 구원 경험에서 신성적 초월의 경험으로 일상의 축을 전환시킬 때, 일상의 새로운 순간들이 당신 앞에 놓이게 될 것이다.

속도 조절

빠르게 흘러가는 현대 도시의 일상은 그 방향과 속도에 있어서 가히 상상을 초월한다. 홀로 멈춰 선다고 해결될 문제가 아니다. 무한을 향해 질주하는 열차에서 뛰어내리는 승객의 안전이 보장되지 않듯이 세속의 빠른 리듬에는 제동 장치가 필요하다. 하비 콕스는 오래전에 『세속 도시』에서 현대 사회의 특징을 무명성과 기동성으로 정의했다. 이름 없는 수많은 대중의 등장은 도시 안에서 정체성과 자기 상실을 경험하는 기현상을 가져왔다. 콕스는 인간이 살아가는 삶의 속도의 변화를 설명하면서 가령 뗏목을 타고 강을 건너고, 말을 타고 먼길을 여행했던 시간의 여정은 깊이 있게 때로는 여유롭게 인생을 살도록 이끌었지만, 자동차나 비행기와 같은 대중교통의 발달과 전국으로 뻗어 있는 고속도로망으로 인해 우리의 일상이 빠른 속도로 흘러가게 되었다고 말했다.

> 많은 사람들이 현대 생활의 고도의 기동성을 가장 부정적 기능으로 보았다. 기동성에 대하여 항거하는 문학이 증가했는데, 이는 그 성격상 종교적이다. 이 문학들은 현대 도시인의 깊이 없음과 상실성을 개탄하고

있다.[16]

빠른 일상의 흐름은 우리를 멈춰 세우지 않는다. 오히려 무언가를 향하여 전력으로 달리도록 경쟁을 부추긴다. 낙오자를 위로하기보다 그들의 실패에 수치심을 부여하고, 1등을 높이 올려세워 보좌에 앉혀 축하한다. 속도가 빠를수록 시야는 좁아지게 마련이다. 주변을 둘러볼 여유 없이 무조건 직진하게 한다. 목적지에 도착했을 때, 정작 내가 왜 달려왔는지 이유를 망각한 채 달리기에만 올인하게 한다. 빠른 일상에는 멈춤의 시간이 필요하다. 잠과 휴식, 여유와 휴가 같은 영혼과 육체의 온전한 안식은, 나와 우리, 모든 피조세계의 회복을 위한 절대적인 조건이다. 하나님의 일상은 안식으로 완성되었다. 그분은 일곱째 날에 쉼을 통해 모든 창조의 역사를 이루셨다. 보시기에 심히 좋으셨다는 고백은 하루의 일과를 마칠 때마다 터뜨리셨던 감탄사였다.

어쩌면 우리의 쉼 없음은 단순히 바쁨의 문제가 아니라 우리 안에서 끊임없이 제기되는 내적 흔들림의 질문인지 모른다. 어디로 가야 할까? 무엇을 해야 할까? 다음에는 어떤 일들이 벌어질까? 예측할 수 없는 일상의 불안은 우리를 쉼 없이 달려가게 만든다. 우리는 일상을 잠시 멈춤으로써 지나온 시간을 되돌아보고, 다시 나아가야 할 방향을 점검하며 필요한 것들을 정비하는 시간을 갖게 된다. 일상은 속도의 문제가 아니라 방

---

16   하비 콕스, 구덕관 외 역, 『세속 도시』(서울: 대한기독교서회, 1993), 62.

도시를 어떻게 충만케 할 것인가?

향과 지속성의 문제다.

종교가 제공하는 순례와 안식은 일상의 순간들을 충만하게 경험하도록 한다. 시속 4킬로미터의 걷는 속도로 생각하며 도시의 풍경을 마주할 때 현대성이 건설한 세상의 비진실성을 포착할 뿐 아니라 내가 어디에 서 있는지, 무엇을 향하여 있는지를 보게 될 것이다. 주일에 예배당에서 드리는 예배를 통해 하나님 안에서의 무한을 경험할 것이다. 이것은 초일상적 삶의 동력을 제공받는 것과 같다. 더 빨리 달리기 위해 에너지를 공급받는 것이 아니라, 충만함을 향해 달리도록, 또 함께 손을 붙잡도록 우리를 깨닫게 하고 인도한다.

연결고리들

현대 도시의 일상은 개인성을 전제로 한다. 자유주의는 곧 개인주의다. 개인의 자유를 최대한 보장하고 행복을 추구할 수 있도록 권리를 부여하며, 그 누구도 넘볼 수 없는 절대적인 권리를 부여한다. 개인이 우상이 된 사회에서 개인의 자아가 손상을 입을 때 파괴적인 본성이 드러나게 된다. 자존심이 상하거나 조금이라도 피해를 입게 되면 타인을 향해 무차별적인 공격을 행사한다. 이것은 정당한 권리이자 어느 정도 보상에 따라 보장되는 암묵적인 행위이기도 하다. 이런 사회에서 개인은 점점 고립될 수밖에 없다. 『방황하는 개인들의 사회』에서 지그문트 바우만(Zygmunt Bauman)은 창세기에 나오는 인류의 첫 살인 사건을 이렇게 서술한다.

신이 가인에게 아벨이 어디 있느냐고 묻자, 가인이 화를 내며 의문형으로 대답했다. "내 동생이 내 책임입니까, 내가 알게 뭡니까?" 20세기 가장 위대한 윤리철학자 에마뉘엘 레비나스(Emmanuel Levinas)가 말했다. 화난 가인의 의문형 대답으로부터 모든 부도덕함이 시작됐다고. 당연히 내 형제는 내 책임이다. 내 형제가 내 책임이어야 하는 특별한 이유가 있냐고 묻지 않는 한 나는 도덕적인 사람이다.[17]

개인의 고립은 스스로가 타인을 얼굴로 대하지 않은 결과다. 타자를 상실한 비도덕적 사회는 단절사회 곧 죄악된 사회다. 죄(sin)가 하나님에게서 분리된 인간의 실존적 상태라면, 죄들(sins)은 하나님에게서 분리된 상태를 지속시키는 인간의 의지다.[18] 죄들로 인해 분리된 타자의 상실은 곧 자아의 상실이며, 타자의 도구화는 곧 자아의 탈가치화로 이어진다. 자아의 상실은 소비주의 사회에서 가장 잘 포착되는 현상이다. 타자의 상품화는 하나님의 형상으로서의 인간을 왜곡하여 삶의 가치와 목적을 비인격화한다. 인간이 더 이상 인간으로 존재하지 못하며 물질적 존재가 될 뿐이다. 깨어진 일상의 인격은 관계를 파괴하고 모든 존재를 무너뜨린다.

충만한 일상을 사는 개인은 고독을 추구하지 않는다. 경건한 시공간을 경험하지만 그것 자체가 목적은 아니다. 에고(ego)를 넘어서 초자아를

---

17   지그문트 바우만, 홍지수 역, 『방황하는 개인들의 사회』(서울: 봄아필, 2013), 120.
18   바바라 브라운 테일러, 정다운 역, 『잃어버린 언어를 찾아서』(서울: 비아, 2016), 28.

지향하지 않는다. 일상의 회복은 인간애에 기초한 공통의 것을 바라보게 하고 관계성(사이성)을 회복시키며 우리 안에서 진정한 '나'를 마주하게 한다. 우리는 파편화된 일상을 연결시킬 고리가 필요하다. 이를 위해 겸손한 인격적 태도가 필요하다. 이기적이고 배타적인 문화에서 타인을 향한 진정성 있는 삶의 자세를 갖춰나가야 한다. 리처드 마우(Richard Mouw)는 이를 '신념 있는 시민교양'(convicted civility)이라 했다. 예의 바른 태도는 사회 전체를 진심으로 배려하는 자세다. 마음으로부터 동료 시민을 존중하며 응원하고 공적인 예의를 갖추는 것이다.[19] 이것은 신의 성품에 참예하는 것과 같다. 심판관처럼 타인을 평가하고 자신의 잣대로 재단하지 않으며 열린 자세로 먼저 다가서는 것이다. 근대 인간관이 제시하는 것처럼 합리적 이성을 지닌 인간이 자신의 자유와 행복을 강조하며 타자와의 구별 짓기를 시도하는 것처럼 보이지만, 사회 계약처럼 언제나 누군가와 연결될 때 행복이 가능하다는 것을 전제하는 것이기도 하다.

일상의 조각들을 하나로 꿰기 위해서는 연결 고리를 갖춘 인격의 공동체가 필요하다. 개인의 정체성은 물론 소속감을 제공하는 충만한 공동체는 뿌리 없는 현대인들에게 고향과 같은 따뜻함과 안정감을 제공할 것이다. 우리의 일상이 무엇을 중심으로 연결된 관계인지를 파악하는 것이 중요하다. 본회퍼(Bonhoeffer)는 『신도의 공동생활』에서 그리스도 중심의 관계성을 언급한다. 본회퍼는 히틀러의 통치 아래 전체주의의 망령이 유

---

19   리처드 마우, 홍병룡 역, 『무례한 기독교』(서울: IVP, 2014), 20-21.

럽 사회를 지배할 때 게르만족이 아닌 민족을 말살하려는 그들의 모습에서 광기 어린 민족 이기주의를 보았다. 본회퍼는 '타자를 위한 교회', '타자를 위한 그리스도'를 제안하며 이 땅에서 그리스도를 믿고 따르는 삶은 곧 타자를 위한 삶이라고 제안한다. 그것은 나와 너 사이에 예수 그리스도를 세움으로써 세속적 관계를 전복하는 것이기도 하다. 본회퍼는 다음과 같이 말한다.

> 그리스도인의 사귐은 예수 그리스도를 사이에 두고 사귀는 것이요, 예수 그리스도 안에서 사귀는 것을 말합니다.[20]

20세기 초 유대교 철학자 마르틴 부버(Martin Buber)도 『나와 너』에서 타자가 배제된 전체주의 사회에서 서로 안에서 존재하는 상호거주와 성육신의 침투의 원리를 기초로 오늘날 필요한 관계의 신학을 제안한 바있다. 삼위일체 하나님이 서로의 사랑 안에서 깊은 사귐의 관계를 맺어오듯 인간은 수많은 연결의 연결들로 구성된 일상의 실타래 안에 놓여있다. 너를 상실한 나는 존재하지 않으며, 그런 일상은 모든 존재를 부정하는 비일상이자 허구적 일상이다. 타자의 얼굴을 기억하지 않는 사회에서 존재는 무의미할 뿐 아니라 서로가 장애물이 될 수밖에 없다. 타자와 나를 잇는 그리스도의 중심성은 공동의 존재적 의미를 발견하는 동시에,

---

20   디트리히 본회퍼, 문익환 역, 『신도의 공동생활』(서울: 대한기독교서회, 2005), 24.

48

도시를 어떻게 충만케 할 것인가?

그리스도의 생명을 서로가 공유하고 있음을 확인시킨다.

　세속 도시에서는 나와 연결된 이웃이 누구인지도 모른 채 한 지붕 아래 살아가는 계약 사회를 추구했다. 우리는 현실 사회의 이웃 됨의 허구성을 폭로하고 참된 이웃과의 관계가 무엇인지 고민해야 한다. 일상을 재조명하는 것은 우리의 삶 안으로 충만함을 끌고 들어오는 것이고, 오래된 거룩한 이야기를 이웃과 함께 실천하면서 현대의 삶으로 재번역하는 작업이기도 하다. 충만한 이야기와 공동체의 전통은 세속의 일상에 균열을 가져올 수 있다. 일상 신학의 과제는 현대 사회를 지배하는 세속의 이야기를 거둬내고 거룩한 언어로 우리의 삶을 새롭게 이야기하는 것이어야 한다. 일상의 재구성은 그렇게 시작된다.

2장 ——————

세속적 욕망, 도시의 엔진

1941년 4월 7일 부활 주간, 토머스 머튼(Thomas Merton)은 워싱턴을 바라보며 이렇게 기록한다. "이곳이 유일하고 진정한 미국 도시다. 광야 안의 도시. 이곳은 온 나라를 돌아가게 하는 중심축이다. 워싱턴은 허상(虛想)이고 석고이며 소음을 생산해내는 기계요, 광기로 가득 찬 도시다."[1] 수도자로서 영적 일기를 써오던 토마스 머튼은 세속 도시의 한복판에서 '탈인간화'(dehumanized) 되어버린 도시의 진면목을 통찰했다. 숭고함을 추구했던 고대와 중세의 도시와는 전혀 다르게 현대의 세속 도시는 허무한 것에 둘러싸여 '진정한 것'을 상실해가고 있다. 현대 도시인은 자아의 성찰과 삶의 묵상을 상실한 채 파편적이고 자극적인 정보와 욕망에 몸을 맡기고 살아간다. 도시의 일상은 욕망에 이끌리는 새로운 노예화된 삶이다. 스스로 주인인 체하지만, 신성한 것을 상실한 도시의 일상은 기계화되어 우리의 삶을 장악해버렸다.

　찰스 테일러(Charles Taylor)는 *The Ethics of Authenticity*에서 현대의 가장 큰 질병이 '탈주술화'(disenchantment)[2]라고 지적했다. 그는 삶의 전 영역에서 성스러운 아우라의 상실로 인해 모든 것을 세속적으로 이해하

1　토머스 머튼, 류해욱 역, 『토머스 머튼의 시간』(서울: 바오로딸, 2011), 75.
2　탈주술화(disenchantment)는 주술적 신비를 쫓는 미신으로부터의 자유를 의미하는 것이 아니라, 종교적인 것과 성스러움을 잃어가는 사회적 현상을 의미한다.

고 평가하는 것을 못내 아쉬워했다. 다시 말하면 일상의 충만한 생명력을 잃어버린 것이다. 일상에서 신성한 것, 진정한 것이 사라진 사회는 어떤 모습일까? 이제 사람들은 중세의 마녀사냥 같은 행위를 멈추고 미신화된 종교성을 탈피하여 스스로 생각하고 판단할 수 있는 합리적 자아가 된 듯하지만 인간 이성과 판단에 대한 지나친 낙관은 또 다른 위험한 세계를 만들어냈다. 초월적인 영역을 상실한 현대인들은 숭고한 삶의 목적과 비전을 잃어버리게 되었고, 이는 이기적인 자아를 탄생시켜 전통적인 공동체를 무너뜨리는 결과로 이어졌다.[3]

발터 벤야민(Walter Benjamin)은 『기술복제 시대의 예술 작품』에서 근대화와 산업화로 인해 상품이 대량 생산되는 사회에서 진정한 작품이 가지는 아우라의 상실을 포착한다. 장인들이 한땀 한땀 정성스레 만드는 작품에는 모조품이 가질 수 없는 숭고한 미가 있다. 겉모습은 동일하더라도 작품에 부여된 가치와 진정성은 모방할 수 없다. '아우라의 상실'은 세속 도시의 일상을 가장 잘 표현하는 문장이기도 하다. 비슷하게 지어진 건물들 사이와 바둑판 모양의 대로변을 걷는 현대인들은 무엇이 진짜인지 구분하지 못하는 모조품의 세계에서 살아간다. 하지만 역설적으로 '아우라의 상실'은 대중 사이에 진정성을 향한 욕망을 일으킨다.

영혼의 목마름이 있는 자들은 가짜가 판치는 세상에서 진짜를 찾기 시작한다. 모두가 똑같은 세상에서 진짜로 밝게 빛나는 보석을 향한 몸부

---

3   Charles Taylor, *The Ethics of Authenticity* (London: Harvard University Press, 2003), 4.

림이 시작된 것이다. 우리 모두는 돈으로 환원되지 않는 것을 향한, 아니 돈으로 살 수 없는 숭고함을 향한 목마름을 가지고 있다. 얼굴 없는 존재, 마음과 심장이 멎은 사회에서 진정한 나로 살고자 하는 진정성 말이다.

얼굴 없는 도시와 기계화된 자아

현대 도시의 풍경은 회색과 검은색 사이의 어디쯤이다. 건물은 물론이거니와 길을 걷다가 무심코 마주 보는 얼굴의 표정에도 아무런 색깔이 없다. 잠실역 사거리를 걷다가 마주치는 이들은 바쁘게 각자의 길을 걸어간다. 하지만 정작 미소를 잃어버린 눈빛과 경계의 눈초리가 가득하다. 이들은 도시의 부품처럼 저마다 주어진 일을 감당할 뿐이다. 도로 위를 걷는 피에로 같다.

　도시의 일상은 대부분 노동으로 채워진다. 근대화된 세속 도시에 사는 사람들은 일을 하기 위해 일어나 먹고 마시고 일을 하기 위해 잠이 든다. 형태와 종류는 다양하지만 인간의 노동은 현대 삶의 중심부에 위치한다. 일을 통해 수익을 내며, 사회 활동을 영위하고 자아를 실현한다. 노동은 자신의 존재 가치를 확인하는 수단이기도 하다. 도시의 일상에서 행해지는 노동은 타자와의 관계 맺음에서도 중요한 통로가 된다. 그러나 노동은 자기 욕구를 충족하기 위한 생존적 행위가 아니라 공동체의 번영을 이루기 위한 공동의 욕망을 따른 행위다. 어쩌면 인간은 기본적으로 노동하는 동물인지도 모른다.

　세속 도시에서 인간을 평가하는 여러 가지 방식이 있겠지만 가장 보편적으로 수용되는 것은 한 사람의 노동력이다. 현대 사회에서는 하루에 몇 개의 물건을 만들어낼 수 있는지, 시간당 받는 임금이 얼마인지, 연봉의 총액이 어떻게 되는지에 따라 사람을 평가한다. 이제 일은 단순한 육체노동이 아니며 주어진 매트릭스에서 서로의 역할을 구분함으로써 사회 시스템을 지탱하는 기반이 되었다. 하지만 일에 대한 자본주의적인 인식은 일의 풍성한 의미와 해석을 방해할 뿐 아니라, 새로운 사회를 향한 노동의 진정한 가치를 왜곡시킨다. 근대 사회에서 인간은 일을 하면서 일로부터 소외된다. 누구를 위해서 일을 하는지, 무엇 때문에 땀을 흘리는지, 노동의 가치와 대가가 정당한지는 그리 중요하지 않다. 끊임없이 일을 해야 한다는 것과, 멈추는 순간 우리는 존재하지 못하게 된다는 것이 중요하다. 노동의 참된 의미를 잃어버린 도시민들은 일하는 기계처럼 변해간다. 이런 사회에서 인간은 아프거나 병들면 사회로부터 도태되어 간다. 자신의 쓸모를 증명하지 못했기 때문이다.

　도시의 일상이 소외화된다는 것은 현대의 일상 세계가 그 자본에 의해 '식민지'가 되었음을 뜻한다. 위르겐 하버마스(Jürgen Habermas)는 친밀한 영역 곧 생활 세계가 정치 경제 권력으로부터 착취되어 가고 있음을 한탄했다. 세속 사회에서 정치 경제가 일상을 너무 깊숙이 장악해버렸다. 보이지 않는 힘에 의한 사회 통제와 감시 그리고 권력과 자본의 이데올로기로 길들여진 도시의 삶은 우리의 일상이 착취되었음을 보여준다. 미셸 푸코(Michel Foucault)는 『감시와 처벌』에서 근대적 일상의 폭력을 제러미 벤담(Jeremy Bentham)의 파놉티콘을 예로 들어 설명했다. 벤담의 파놉티콘은 규율 사회의 전형적인 현상이다. 그것은 교화를 목적으로 한다.

> 감옥, 공장, 정신병자 수용소, 병원, 학교가 파놉티콘적 통제의 대상이 된다. 이 모든 것은 규율 사회의 전형적인 기관이다. 통제탑을 중심으로 하여 원형으로 배치된 방들은 서로 엄격하게 분리되어 있다.…벤담에 따르면 그들은 교화를 위해 고독의 상태에 던져져 있다. 감독관 자신은 수감자들에게 보이지 않지만, 그의 시선은 방의 구석구석까지 미친다.[4]

푸코의 지적처럼 세속 도시의 시스템은 보이든 보이지 않든 이름 없는 사람들로부터 관찰당하고 있다. 디지털 전환(digital turn)[5]이 가속화되는 오늘날에는 그 강도가 더해간다. 위르겐 하버마스는 이러한 현상을 '생활 세계의 식민지화'라고 명명했다. 개인들의 자유로운 선택과 판단을 통해 일상이 움직이는 것이 아니라, 세속의 권력과 자본에 의해 일상이 잠식되어가고 있음을 비판하는 말이다. 세속 도시에서는 일상의 소소한 삶의 영역에서 개인의 주도권이 사라지고 있다. 의식하든 못하든 제도화된 사회

---

4   한병철,『투명사회』(서울: 문학과 지성사, 2014), 94.
5   디지털 전환(digital turn)을 디지털 혁명(digital transformation)이라고 부르기도 한다. 이는 현실 세계가 가상의 공간으로 확장하여 전환되는 사회적인 현상을 의미한다.

적 권력과 시스템에 의해 일상은 식민지화되어 간다.『피로사회』로 큰 주목을 받은 재독 철학자 한병철은『투명사회』에서 현대를 '성과사회'라고 규정했다. 생산성이 중심이 된 오늘날 시민들은 자본을 척도로 자신의 가치를 증명해야 하는 심각한 부담감을 안고 있다. 스스로 무엇을 얼마나 효율적으로 생산할 수 있는지를 증명하지 못하면 존재 이유를 잃게 된다. 근대 사회에서 권력에 의한 감시와 착취가 자행되었다면 오늘날 사람들은 '성과의 패러다임'으로 인해 과잉 노동, 과잉 생산, 과잉 커뮤니케이션으로 소모적인 삶을 살아간다. **더 많은 성과를 위해 자발적으로 자신을 착취하는 기괴한 사회다. 이러한 성과사회는 피로사회로 이어지고 이름 모를 신경질적인 병증이 현대인들을 갉아먹는다. 곧 스스로 자신을 파괴하는 기괴한 사회가 되었다.**

　세속 도시의 노동은 인간을 부품처럼 여기지만, 하나님 나라의 노동은 창조세계를 돌보는 거룩한 일이며 이웃 사랑을 실천하는 신실한 믿음의 행위다. 하나님께서 각자에게 부여하신 달란트와 소명은 일상을 신앙적으로 살게 하는 근거다. 우리는 이를 바탕으로 자신의 가치를 증명하기 위한 삶이 아니라 창조세계를 더욱 충만하게 하기 위한 삶, 타자를 착취하기 위한 삶이 아니라 자신을 내어주기 위한 삶을 살아야 한다. 이를 위해 자본의 논리에서 벗어난 도시의 일상과 일에 대한 창조적인 해석이 필요하다.

　미로슬라브 볼프는『일과 성령』에서 노동이 갖는 창조적인 능력을 자세히 소개한다. **일은 단순한 행위가 아니라 성령님을 통해 창조세계를**

돌보시는 하나님의 사역에 동참하는 것이다. 노동은 에덴동산의 범죄 이후 심판의 결과로 주어진 것이 아니라 창조세계를 온전히 돌보기 위한 인간의 창조적 행위로 부여된 소명이다. 우리의 노동은 자아실현을 목표로 하지 않으며, 성공과 명성을 얻기 위한 세속적 수단이 아니다. 우리가 일을 할 때는 세상에 종속되는 삶을 살도록 버림당하는 것이 아니다.

세속 도시는 우리의 노동과 일의 가치를 자본으로 결정하려고 하지만, 노동은 우리로 하여금 일상 속에서 거룩한 하나님의 섭리를 발견하고 이웃 사랑을 가장 구체적으로 실천하게 한다. 탈세속화(post-secularization)된 관점으로 도시의 일상을 관찰한다면 종속되지 않은 삶의 전환을 이룰 수 있게 될 것이다. 세속 도시의 일상을 뒤덮고 있는 권력과 자본의 손수건을 걷어낸다면 그 너머에 있는 신성한 무언가를 발견할 수 있지 않을까?

고독한 자아와 단절된 장소

지난 8월, 부모님을 모시고 롯데타워 81층의 한 식당을 방문했다. 생일을 축하드리며 큰마음을 먹고 식사를 대접했다. 타워 상층부에서 내려다본 서울의 풍경은 마치 미니어처(miniature)와 같았다. 한강을 사이로 성냥갑 같은 아파트들이 줄지어 늘어서 있고, 다리를 바쁘게 오고 가는 자동차들과 인도를 걷는 사람들은 소인국의 물건과 백성들로 보였다. 반대로 아래에서 올려다본 타워는 선택받은 소수자들의 왕국이다. 잠실역 사거리를 오갈 때 아니, 서울 대부분 지역에서 롯데타워는 자본주의 사회의 상징처럼 보인다. 타워 안과 밖의 사람들은 같은 장소에서 살아가지만 서로 섞일 수 없는 다른 부류로 인식된다. 타워의 시선은 탈장소적이다. 높은 곳에서 내려다보는 관점은 신의 초월적 시선이다. 세상을 관할하고 통제할 수 있는 절대자의 힘을 가진 듯, 타워에 오르는 자신을 스스로 추앙하게 한다. 타워는 바닥과 철저히 분리되어 있다. 아니, 스스로 고립되어 있는지도 모른다.

현대 도시는 스스로 공간을 분리하고 나누면서 세속적 의미를 부여한다. 강남, 압구정, 잠실, 용산, 목동 등이 갖는 장소적 의미는 세속적이면서도 종교적이다. 과거의 도시에서는 종교적인 공간을 중심으로 성스러움이 부여되었다면 세속 도시에서는 돈이 그 가치를 결정한다. 자본이 집중된 공간은 세속 도시의 성전이 되어간다. 물론 도시가 부여한 땅의 가치는 단순히 돈으로만 환산되지 않는다. 부동산은 정치, 경제, 사회, 문화, 종교의 권력이 혼합된 기괴한 모순의 덩어리다. 출애굽 한 이스라엘 백성들이 광야에서 만든 금송아지처럼 인간의 욕망을 형상화한 그 무엇이다.

찰스 테일러는 현대 사회를 초월성이 상실된 허무한 공간으로 규정했다. 그리고 그곳에서 살아가는 현대인들을 '닫힌 자아'(buffered self)라 명명했다. 테일러에게 가장 깊고 중요한 물음은 '존재의 불가사의를 마주할 때 느끼는 경이로움'과 '삶에서 발견되는 당혹스러움' 같은 인생의 질문

이었다.[6]

> 근대의 상황에서 타인과의 객관적 관계와 이 관계에 의해 보장되는 현실성의 박탈은 고독이라는 대중적 현상을 낳았다. 관계의 박탈성은 이 고독 속에서 가장 극단적이고 반인간적인 형태를 취하는데, 그 이유는 대중 사회가 공론 영역뿐만 아니라 사적 영역도 파괴하며, 인간이 세계에서 차지하고 있는 자리를 그에게서 박탈할 뿐만 아니라 사적인 가정마저도 빼앗아 가기 때문이다.[7]

계몽주의 이후 인간의 이성은 절대 긍정되었고 종교는 저 멀리 개인의 마음속으로 자취를 감춰버렸다. **합리적인 사회 제도를 만들어낸 절대자인 인간 이성은 스스로 왕좌에 올랐다. 현대 사회의 숭배 대상은 개인이며, 개인의 자아는 마치 작은 신(little god)과 같은 대우를 받는다. 하지만 고독하다.** 아무도 상대방을 자신의 신으로 고백하지 않기 때문이다. 근대로 들어서면서 개인에 대한 신성화는 영혼이 아닌 개별적인 '자아'라는 개념으로 대치되었다.[8] 분리된 자아는 타자에게 또는 자신에게도 없는 존

---

6 손민석, '세속 시대를 탐색하는 정치철학자, 찰스 테일러', 김동규 외, 『우리 시대의 그리스도교 사상가들』(서울: 도서출판100, 2020), 223.
7 한나 아렌트, 이진우·태정호 역, 『인간의 조건』(서울: 한길사, 2015), 112.
8 Hans Joas, *The Sacredness of the Person* (Washington DC: Georgetown University Press, 2013). 임동균, "단절된 사회에서 더불어 살려면", 이재열 외, 『플랫폼 사회가 온다』(서울: 한울아카데미, 2021), 62에서 재인용.

재다. 신이 된 자아와 그 자아들의 연합들이 추구하는 번영은 세속의 공간에서 사회적 유토피아를 개개인의 마음속에 새겨주면서 영원하고 신성한 것을 자아 속으로 가두어버렸다. 결국 종교는 미신으로 치부되어 세속에서 사라져갔고 그 결과 삶의 의미와 목적의 상실을 가져왔으며, 일상은 극단적 개인주의와 합리주의에 근거한 기계 공장으로 변해버렸다. 신으로부터 탈출한 세속의 일상은 다시 기계와 돈을 숭배한다.

고립된 자아는 단절된 장소를 찾는다. 아파트 공화국인 우리나라는 도시 공간에 사는 사람들 사이의 부대낌이 사라진 지 오래다. 인간적인 교감이 고갈되고 시민들 간의 자연스러운 소통이 없어진 사회에서는 각자 자기만의 안식처에 매달리게 된다. 2023년에 개봉된 엄태화 감독의 "콘크리트 유토피아"는 대한민국 아파트에 사는 사람들의 집단 이기성을 고스란히 드러낸다. 뜻하지 않은 지진으로 파괴된 도시에 유일하게 남은 황궁 아파트. 생존을 두고 펼쳐지는 아파트 주민들의 극단적인 이기심은 함께 살지만 함께할 수 없는 현실 사회의 단면을 잘 보여준다. 내가 살기 위해 누군가를 죽음으로 내몰아야 하는 현실은 아파트의 디스토피아를 고스란히 드러낸다. 함께 모여 살지만 집단 이기심으로 가득한 오늘날의 현실이다.

장소는 본질상 관계적이다.[9] 장소는 홀로 위치하지 않으며 무한한 다른 장소들과 연결되어 있다. 장소는 또 다른 장소와 연결되어 있기 때문

---

9   John Inge, *A Christian Theology of Place* (Surrey: Ashgate, 2003), 47.

도시를 어떻게 충만케 할 것인가?

에 가치와 의미를 가질 수 있다. 분리된 장소란 존재하지 않는다. 세속의 장소는 분리됨으로써 자신의 가치를 증명하지만, 탈세속의 장소는 연결됨으로써 자신의 생명력을 드러낸다. 장소의 연결성은 다른 장소뿐 아니라 그 장소에서 살아가는 사람들과 사건들의 연결이기도 하다. 각각의 장소에 깃든 이야기와 사건은 그 장소를 살아 있게 할 뿐 아니라 또 다른 장소를 통해 이야기를 탄생시킨다. 세속의 장소는 세속적 욕망을 재생산하지만, 충만한 장소는 충만한 그리스도인을 탄생시킨다. 충만한 장소가 갖는 이야기와 상징, 의미는 그 도시를 살아 있게 할 뿐 아니라 세속 도시를 재생할 수 있는 원천이 된다. 우리는 도시의 장소를 어떤 의미로 바라보는지에 따라 장소마다 다른 생명력을 갖게 할 수 있다. 중요한 것은 바라보는 관점이다.

피터 버거(Peter Berger)는 그의 주저인 *Sacred Canopy*에서 종교가 세속 사회에서 어떻게 흔들리지 않는 세계관을 제공하는지를 잘 그려낸다. 그는 거룩한 그 무언가가 우리의 일상을 감싸고 있을 뿐 아니라 인간 의식 저편에서 세상을 향한 종교적인 해석과 실천을 제공할 수 있다고 설명한다. 신앙은 파편화된 개인으로 살아가는 세속 사회에서 개인의 자유와 행복의 극대화를 지향하지 않고, 거룩한 목표와 비전 그리고 공동의 번영을 향한 묵시적 합의라는 거대한 틀을 제공한다. 이러한 성찰적 영성(reflexive spirituality)은 개인의 일상에 삶의 의미를 충만히 채워주는 동시에 시대를 비평하는 하나의 문화적 틀이 되기도 한다.[10] 성찰적인 신앙은 종교 전통의 신비적인 지혜(mystical wisdom)를 통해 은유적인 동시에 심미적인 해석을 가능하게 한다. 타워의 꼭대기에서 신앙의 눈으로 아래 바닥을 바라본다면, 허무한 도시와 메마른 영혼을 위해 애통하며 기도하는 사람을 만들어갈 수 있지 않을까? 토머스 머튼이 뉴욕의 메마름을 안타까워했듯이 말이다.

나는 욕망한다. 그러므로 존재한다

세속 도시를 움직이는 힘은 무엇일까? 바로 욕망이다. 세속 도시는 끊임없이 무언가를 욕망하도록 인간을 이끌어간다. 욕망은 본능적인 에로스일 수 있고, 자아 초월적인 아가페일 수도 있다. 욕망은 이기적인 탐욕일 수 있고 이타적인 선의 의지일 수 있다. 욕망은 개인과 공동체를 이끌어가는 원천이다. 인간이 도시로 모여들고 하나의 거대한 욕망 공동체를 형성하는 것도 근본적으로 인간이 갖는 욕망이 작동하기 때문이다. 하지만 세속 사회에서 인간의 욕망은 왜곡되었다. 세속의 욕망은 자기중심적이며 쾌락적이다. 세속의 욕망은 파괴적이고 중독적이다. 그런 욕망은 철

---

10   Kelly Besecke, "Beyond Literalism: Reflexive Spirituality and Religious Meaning," *Everyday Religion*, 171.

도시를 어떻게 충만케 할 것인가?

저히 자본 친화적이다.

　세속 도시의 욕망을 가장 잘 표출하는 것은 높은 빌딩이다. 세속 도시는 더 높은 빌딩을 쌓아 올리려는 경쟁을 통해 세상의 주인이 누구인지를 내기한다. 이것은 신들의 놀이와 유사하다. 높이 솟은 마천루는 마치 바벨탑처럼 인간의 이름을 알리려는 지배욕을 보여준다. 탑 꼭대기에서 내려다보는 인간의 관점이 신의 관점이기 때문이다. 세상을 통제하고 장악할 수 있다는 힘을 표출하는 동시에 먼 곳까지 자신의 영역임을 가시적으로 드러낸다. 창세기 11장에서 바벨탑을 건설하던 모습을 생각해보자. **"또 말하되 '자, 성읍과 탑을 건설하여 그 탑 꼭대기를 하늘에 닿게 하여 우리 이름을 내고 온 지면에 흩어짐을 면하자' 하였더니"**(창 11:4). 자크 엘륄(Jacques Ellul)은 『대도시의 성서적 의미』에서 도시를 부정적으로 묘사한다. 도시는 영적인 의미를 가지고 있으며, 인간의 영적인 삶을 인도하거나 그 방향을 바꿀 수 있다. 인간은 독립과 교만으로 도시를 건설함으로써 자신의 승리를 자랑하고자 했다.[11]

　인류 역사상 최초의 도시 건설자들은 자신의 욕망을 위해 모였다. 거대한 탑과 건축물은 인간의 욕망이 빚은 구체적인 결과물로 이어졌다. 신으로부터 분리된 인간의 죄성은 사회적 안전과 번영을 위한 자신만의 왕국을 건설한다. 도시라는 거대한 물리적, 정신적 공간을 만들어낸 존재라

11　자크 엘륄, 황종대 역, 『대도시의 성서적 의미: 머리 둘 곳 없던 예수』(대전: 대장간, 2013), 55.

는 점에서 인간은 호모 우르바누스(*Homo Urbanus*)이기도 하다.[12]

그렇다면 도시로 모인 세속의 욕망을 어떻게 거룩한 욕망으로 바꿀 수 있을까? 잘못된 방향으로 향하던 인간의 욕망을 올바른 방향으로 되돌려 놓을 수 있는 방법은 무엇일까? 제임스 스미스는 『습관이 영성이다』에서 예전을 언급한다. 그는 욕망을 '사랑의 방향성'이라고 했다. 스미스의 말을 빌리자면 인간은 무엇인가를 사랑하는 존재이며, 그 사랑의 대상을 향한 무한한 예전(liturgy)을 실천하며 살아간다. 신을 사랑하는 이들은 신을 경배하며, 돈과 쾌락을 사랑하는 이들은 그에 따라 저마다의 사회 문화적 예배를 실천한다. 교회와 성당에 가는 것처럼 쇼핑몰에 가고, 거룩한 은혜를 바라는 것처럼 브랜드와 상품에 대한 갈급함을 드러낸다. 욕망은 예배와 예전을 통해 습관이 되고 삶의 양식이 된다. 스미스는 사랑을 욕망(desire)의 문제로 해석했다. 하나님을 사랑하는 사람은 하나님을 갈망하며 이 땅에서 하나님을 예배하게 되지만, 자기 자신을 사랑하는 이들은 자신을 욕망하며 세상을 통해 그 욕망을 채우려 한다. **우리는 욕망하는 것을 예배하며 그것이 곧 자기 자신이 된다.**

인간은 기본적인 욕구를 가진다. 본능에 이끌리는 욕구 충족 행위는 생명을 위한 필수적인 부분이다. 인간은 배고픔을 느끼고, 수면욕과 성욕을 가지며, 더 많은 것을 소유하고 남들보다 높아지려고 한다. 이런 욕구에 이끌려 살아가는 인간을 사회는 선하다고 말하지 않는다. 욕구는 이

---

12   김성도, 『도시 인간학』(파주: 안그라픽스, 2014), 100.

기적이고, 성적이고, 배타적이고, 혐오적이다. 욕구를 드러낼 때 누군가의 또 다른 욕구와 충돌할 수밖에 없다. 욕구의 충돌을 방지하기 위해 사회는 문화 안에서 적절한 사회적 에토스(ethos)를 형성해왔다. 자기애적 욕구를 수치스럽게 여기게 하고 반문화적, 비이성적이라 낙인찍음으로써 체제를 안정시켰다. 욕구가 사회적 의미를 지니고 공동체적으로 발전할 때는 문명의 진보를 가져왔지만, 전쟁과 갈등을 유발함으로써 심각한 퇴보를 가져올 때도 있었다. 욕구는 인간을 움직이게 하는 강력한 동력이자, 사회를 변화시킬 수 있는 에너지의 원천이기도 하다.

세속 사회는 무엇을 욕망할까? 아니 무엇을 욕망하도록 만들까? 욕망은 철저히 사회적인 생산물이다. 그것은 복잡하고 다양한 층위들로 구성되어 있으며 단순히 개인의 자아 안에 정향되어 있는 것이 아니다. 대표적으로 상품을 선전하는 광고는 욕망을 조작한다. 그것을 소비함으로써 얻을 수 있는 쾌락을 과대 포장하고, 그것을 소유함으로써 얻는 기쁨을 구원의 감격으로 포장한다.[13] 동시에 현대의 욕망은 소비적이며 종교적이다. 욕망의 소비는 기호와 메시지이며, 그것은 사회가 부여한 조작적 의미 체계를 따른 결과다. 잘못된 욕망에 근거한 미적 감각은 타인으로부터 인정받아야 하는 감각이며 사랑과 인정을 구걸하는 의존적 감정에 기인한다. 미적 경험과 해석은 자본을 통해 이루어진다.

---

13   William T. Cavanaugh, *Being Consumed* (Grand Rapids: Eerdmans Publishing, 2008), 16.

상품 세계인 도시는 꿈의 풍경을 연출한다. 도시는 집합적 꿈이 실현된 장소다. 도시의 상점들이 제공하는 물건들은 꿈의 실현이며, 꿈에 대한 약속이다. 도시 풍경은 꿈의 풍경이다.…새로움은 현대의 영웅이다. 상품은 탈주술화된 세계를 다시 주술화한다. 상품은 인간이 합리화를 통해 신화와 결별하는 순간 다시 신화의 외양을 지니고 인간으로 파고들어 마침내 인간을 지배한다.[14]

마케팅과 소비는 우리의 삶과 행동 구석구석에 침투해 있다. 그것은 우리의 경험을 구성하여 최종적인 가치를 판단하는 기준으로 삼아버렸다. 궁극적으로 소비적 삶은 우리 자신을 물건으로 이해하게 한다. 우리의 가치와 목적이 상품에 의해 결정될 때 우리는 상품과 같은 존재, 즉 수치로 환산할 수 있고 독특하지 않으며 가격을 매기고 대체할 수 있는 사물로 환원된다.[15]

소비적 일상이 제공하는 욕망은 근본적으로 종교성에 기초한다. 장 보드리야르(Jean Baudrillard)는 『소비의 사회』에서 정작 인간이 소비 과정에서 소비하는 것은 물건이 아니라 사회가 만들어 놓은, 아니 물건에 부여한 상징과 이미지라고 정확하게 지적한다. **소비는 사회적 기호를 향한**

---

14   노명우, "벤야민의 파사주 프로젝트와 모더니티의 원역사", 홍준기 엮음, 『발터 벤야민 모더니티와 도시』(서울: 라움, 2007), 46.
15   존 F. 캐버너, 박세혁 역, 『소비사회를 사는 그리스도인』(서울: IVP, 2011), 101, 124.

욕망이다.[16] 자본화된 사회는 종교가 제공했던 구원의 판타지와 카타르시스를 상품으로 포장하여 그것으로부터 채워지는 만족감과 행복으로 종교를 대체하고 있다. 사람들은 손에 잡히지도 않은 허망한 가치를 소비하며 스스로 만족을 채워간다. 그러나 그것은 욕망의 왜곡에 불과하다. 세속 도시는 우리의 욕망을 자양분으로 성장하고 번성한다.

> 가장 참된 의미에서 에로스는 피조물인 인간의 선한 특징인 욕망과 이끌림을 가리킨다. 우리는 아가페와 에로스의 잘못된 이분법을 주장하는 대신 아가페를 바르게 질서 잡힌 에로스로 이해할 수 있다. 성령께서 우리 마음속에 넘치도록 부어주신 그리스도의 사랑은 하나님을 향한 구속된 욕망, 바르게 질서 잡힌 욕망이다.[17]

인간의 욕망은 결핍과 부족으로 형성된 것이 아니다. 그것이 채워진다고 한들 또 다른 무언가를 향한 욕망으로 재탄생할 뿐이다. 잠언에서 말한 것처럼 '족한 줄을 알지 못한 것들이다.' 인간의 욕망은 거룩한 충만함을 통해서만 채워질 수 있다. 예배(갈망)하는 존재로서 인간은 우리가 갈망하는 근원적인 사랑 즉 하나님의 사랑 안에서 즐거워하며 그분 안에서 예배

---

16   장 보드리야르, 이상률 역, 『소비의 사회』(서울: 문예출판사, 2004), 325.
17   제임스 스미스, 『습관이 영성이다』, 25.

할 때 만족하게 된다.[18] 세속의 욕망으로 가득한 일상을 변화시키기 위해서 새로운 욕망을 형성시키고 그것을 예배하도록 안내할 필요가 있다. 일상은 무수한 욕망의 예전들로 채워져 있다. 단순한 욕망의 충족으로 인간은 만족하지 않는다. **세속의 일상은 욕망의 각축장이다. 사람들의 관심과 이목을 끌기 위해 스스로를 포장하여 달콤하게 유혹한다. 인간의 욕망을 자극하고 자신에게 복종하기를 기대하며 자신을 숭배하라고 설득한다.** 우리는 무엇을 욕망하는지도 모른 채 세속의 예전에 빠져 일상을 왜곡하여 살아간다. 욕망 자체가 문제가 아니라 잘못된 것을 욕망하는 것이 문제다.

내러티브와 예전의 재구성

제임스 스미스는 인간이 욕망하는 것을 경배하는 '예배하는 동물'(liturgical animal)이라 말한다. 모더니티는 인간을 이성적 동물 곧 생각하는 존재로 스스로를 인식하게 했으나 그것은 인간의 육체성과 영성을 간과한 부족한 정의라고 할 수 있다. 인간의 사고는 몸을 떠난 영혼처럼 추상적인 개념으로 형성되지 않는다. 삶의 경험을 토대로 하는 인식들이 모이고 다듬어져서 개인의 자의식과 공동체적 세계관을 형성한다. 인간을 '예배하는

---

18   Steven Shakespeare, *Radical Orthodoxy*, 120-21.

도시를 어떻게 충만케 할 것인가?

동물'로 이해할 때 우리는 일상의 경험과 실천을 긍정하고 습관과 성품을 새롭게 할 방법들을 고민하게 된다. 좋은 일상의 실천을 위해서는 좋은 삶의 습관이 필요하다. 제임스 스미스는 아리스토텔레스, 아퀴나스, 매킨타이어가 설파한 덕의 윤리 전통을 관찰하면서 좋은 습관 곧 덕의 형성에 관심을 두기 시작한다.

> 습관은 특정한 목적을 욕망하도록 하는 마음을 훈련시키는 육체적 실천과 의례를 통해 우리 마음에 새겨진다. 이것은 비인지적인 종류의 훈련, 많은 경우에 우리가 깨닫지도 못하는 사이에 우리를 형성시키는 일종의 교육이다. 다양한 물질적 실천이 의례와 반복을 통해 우리 안에 비인지적 성향과 기술을 주입한다.[19]

예전(liturgy)은 새로운 습관과 성향을 만들어낸다. 자신을 둘러싼 세계관이 지배하던 세속의 이데올로기와 가치들을 내려놓고 새로운 신앙적 존재 양식을 덧입게 한다. 기독교의 예전 가운데서도 세례(침례)는 새로운 존재로 거듭났음을(born again) 공동체에 알리는 의식이다. 물로 들어가거나(침례) 머리에 약식으로 물을 적시는 행위는(손 세례) 기독교 전통에서 죽음과 부활을 상징한다. 예수를 믿기 전과 후의 분명한 구분점으로서 새로운 믿음의 존재로 변화되었음을 공적으로 증언하는 행위다. 또한 성만

---

19   제임스 스미스, 박세혁 역, 『하나님 나라를 욕망하라』(IVP, 2016), 85.

찬의 예전은 예수가 마지막 만찬을 기념하면서 제자들과 함께 식사를 나누신 것을 모티프로 하지만, 단순히 주님의 죽음을 기념하는 것을 넘어 희생과 사랑의 공동체적 실천을 다짐하는 의례다. 성만찬을 통해 모든 사람과 연대하며 하나 될 것을 가시적으로 증언한다. 세례와 성만찬의 예전은 기독교의 새로운 이야기와 상징을 수용함으로써 세속의 일상성을 전복시키는 믿음의 세계로 들어가는 것과 같다. 이는 세속의 욕망과 습관을 벗어버리고 하나님의 백성이라는 공동체적 유산을 자신의 것으로 삼는 행위다. 2천 년 넘게 유지되어온 기독교 공동체의 일원이 됨과 동시에 욕망의 세상에서 벗어나서 초월적 세계를 향한 갈망으로 현실을 살고자 하는 것이라 할 수 있다. 이것은 욕망의 숭배라는 세속의 일상성을 넘어서는 새로운 사회를 상상하면서 새 일상으로 나아가는 일이다.

물론 세속 도시도 자신만의 예전을 갖추고 있다. 그들의 예전은 철저히 자본 중심적이다. 소비 문화에서 인간은 쇼핑몰을 예배당으로, 신제품과 세일 소식을 복음으로, 브랜드를 하나의 공동체로 이해했다. 무언가를 소비함으로써 자신의 존재를 입증했지만, 그것이 결국은 자신의 소비로 이어진다는 것을 자각하지 못했다. 브랜드의 소비는 자신의 이미지를 구축하는 것으로서 세속 문화가 짜놓은 문화적 굴레로 스스로 들어가는 꼴이다. 그들의 상징, 기호, 이미지를 소비함으로써 자신의 가치를 인정받으려 한 세속의 예전은 일상을 과시적 영역으로 전환시켰으며 사람들은 그것이 제공하는 종교적 카타르시스에 중독되어왔다.

인간 행위의 변화를 위한 다양한 시도가 있겠지만 한 사람의 세계관

도시를 어떻게 충만케 할 것인가?

과 성향의 변화를 위해 사회적 에토스 형성에 관심을 둔다면 의외의 방법으로 효과를 낼 수 있다. 사회적 에토스는 공동체적인 습관과 같다. 마치 구급차가 사이렌 소리를 내며 다급하게 달려올 때 길을 비켜주거나 엘리베이터를 탈 때 급한 용무가 있는 사람을 위해 한쪽을 비워두는 것처럼 말이다. 생명 존중에 대한 사회적 합의는 공동체의 유사한 의미 있는 행동을 유발한다. 모두가 의미 있는 어떤 공동의 가치와 목표를 공유할 때 사회적 변화는 자연스럽게 따라올 것이다.

일상을 지배하는 가치를 바꾸고 거대한 담론들을 창조적으로 재구성하기 위해 우리는 일상의 예전을 새롭게 할 필요가 있다. 일상의 예전을 종교적인 의식들과 상징들로 가득 채울 필요는 없다. **다만 우리의 일상을 구성하는 핵심 내러티브는 바뀌어야 한다. 제임스 스미스는 인간을 이야기를 가진 동물(narrative animal)로 묘사한다.**[20] 스미스뿐 아니라 알래스데어 매킨타이어(Alasdair Macintyre)와 스탠리 하우어워스(Stanley Hauerwas)도 인간을 서사적 존재로 여겼다. 인간 됨이란 개인이 저마다의 이야기를 마음속으로 간직하고 있음을 뜻하며, 그 이야기는 개인과 공동체를 구성하는 핵심이기도 하다. 공동체가 지니는 이야기는 세상을 구성하거나 재구성하며, 새로운 상상과 실천을 제공한다. 공동체의 내러티브는 예전을 통해 구체화되고 구성원들은 다양한 예전이 갖는 사회적 함의

---

20   James. K. A. Smith, *Imagining the Kingdom* (Grand Rapids: Baker Academic, 2013), 108.

들을 공유함으로써 정체성을 형성해간다. 공동체의 예전은 새로운 가치에 의미를 부여하며 개인들이 그것을 수용하게 한다. 잘못된 욕망에 이끌리는 현대의 일상성에 균열을 내기 위해 인간의 욕망에 대한 다른 서술이 필요하다. 세속의 욕망을 변화시킬 수 있는 거룩한 일상의 예전적 실천은 거룩한 이야기를 담고 있는 예전의 공동체를 통해 가능할 것이다. 그것이야말로 초월성을 잃어버린 사회에 새로운 동력을 제공할 것이다.

> 제임스 스미스는 사랑에 의해 정의되는 피조물들로서 우리가 근본적인 욕구, 즉 창조자를 향한 에로틱한 끌림에 의하여 특징지어지고 이 욕구는 그것의 적절한 대상을 오직 창조자 안에서만 발견할 수 있다고 주장한다.[21]

아우구스티누스의 『하나님의 도성』에서는 두 가지의 도시적 욕망이 충돌한다. 하나님의 도시와 세상의 도시는 무엇을 사랑하는지, 아니 무엇을 욕망하는지에 따라 인간을 전혀 다른 삶으로 인도한다. **인간의 욕망 즉 자아에 대한 사랑(*amor sui*[아모르 수이])은 자신의 이익, 개인주의, 권력욕으로 나아가게 하지만, 하나님에 대한 사랑(*amor Dei*[아모르 데이])은 자비, 관대함, 각종 선한 것에 관한 관심으로 이어진다.** 아우구스티누스는 이 두 시각이 개인의 지성과 감성은 물론 공동체와 사회생활의 운영 방식

---

21   제임스 스미스, 『급진 정통주의 신학』, 326.

에도 공존한다고 주장한다.[22] 자아를 향한 사랑은 그 방향이 타자에게도 향할 때 비로소 자아를 충만하게 할 수 있다. 더 궁극적으로는 절대적 타자이신 하나님을 향한 욕망으로 전환될 때 하나님 안에서 우리는 모든 대상을 사랑하게 된다. 자아는 사랑의 대상일 수 있으나 사랑의 충만함으로 가득 채우기에는 부족한 존재다. 왜곡된 세속적 욕망은 하나님을 사랑함으로써 교정될 뿐 아니라, 하나님을 통해 타자와 세상을 온전히 사랑하게 된다. 바로 예전이 세속의 욕망을 거룩한 것을 향한 욕망으로 이끌어간다.

인간이 욕망하는 존재이며 현대 도시가 욕망하는 공동체라면 우리는 무엇을 욕망하도록 해야 할까? 욕망하는 도시의 엔진을 멈춰 세울 방법은 없다. 그것을 추구할수록 더욱 욕망의 노예가 될 수밖에 없다. 하지만 욕망의 방향과 대상은 수정해나갈 수 있다. 아니면 속도를 줄이는 것도 하나의 방편이다. 욕망하는 것을 향해 달리되 천천히 그리고 스스로 성찰하도록 말이다. 욕망을 억제하고 제거하는 수도자적 삶만이 해답은 아니다. 베네딕토는 이탈리아의 수비아코에 있는 한 동굴에서 3년간 수도 생활을 시작했다. '거룩한 동굴'로 불리우는 사크로 스페코(Sacro Speco)는 외부인의 접근이 쉽지 않은 장소. 그는 육신의 정욕을 억제하기 위해 가시밭에 뒹굴기도 했다. 그렇게 육신의 욕정을 제어하고 비로소 자

---

22   일레인 그레이엄, 이민희 역, 『무엇이 좋은 도시를 만드는가』(서울: 비아토르, 2023), 81.

신을 다스릴 수 있게 되었다고 한다.[23] 하지만 욕망을 완벽히 제거할 수는 없다. 아니 그럴 필요가 없다. 대신 충만한 것을 욕망하기 위해 그 안에 머물러 있는 시간이 필요하다. 그래야 비로소 우리의 갈망이 채워질 것이다. 마치 깨어진 항아리를 가득 채우기 위해 깊은 연못에 던지는 것처럼 말이다.

그레이엄 워드는 *Cities of God*에서 오늘날 세속 도시는 수많은 욕망을 자극하는 이미지와 상징들로 포장되어 우리로 하여금 자아 충족적인 만족에 의존하는 삶을 살게 한다고 비판했다.[24] 환상적인 감각을 만족시키는 세속 도시는 그 자체로 하나의 종교의 성전(temple)이 되었다. 가상과 현실을 오고 가는 탈근대적 도시는 종교적 숭고함과 초월성을 형상화하여 우리를 유혹한다. 그는 라스베이거스와 로스앤젤레스를 예로 들면서 인간이 꿈꾸는 미래 도시의 유토피아를 세속의 기술, 정치, 영화, 오락, 교육 등으로 구현하고 있음을 비판했다. 특히 도시의 세속화가 가상의 공간으로 확장되고 있음을 포착하면서 오늘날의 도시를 '가상의 도시'(virtual city)라고 명명했다.[25]

워드가 지적한 것은 세속 도시를 움직이는 욕망의 방향성이었다. 세속적 욕망의 방향성은 자기 자아로 향한다. 자신의 욕망을 충족하기 위해

---

23   베네딕도, 이형우 혁주, 『베네딕도 수도규칙』(왜관: 분도출판사, 2012), 13.
24   Graham Ward, *Cities of God* (London: Routledge, 2000), 60.
25   위의 책, 70.

타자(피조물)를 소비의 대상으로 바라본다. 자아의 충족을 위해 타자를 희생시키고 누군가를 도구적으로 이용하는 사회는 결국 생존을 위한 전투의 장이 되고 만다. 워드는 그리스도인들의 욕망이 개인의 충족을 넘어서야 할 뿐 아니라 타자의 필요를 채워주기 위해 서로의 안으로 들어가 사랑의 공동체를 채워야 한다고 제안한다. 욕망이라는 도시의 엔진을 꺼트리는 것이 목적이 아니라, 도시의 욕망이 올바르게 작동하여 서로의 번영을 모색하도록 만들어야 한다. 이러한 욕망의 토대는 궁극적인 욕망으로서 삼위일체 하나님의 사랑이기도 하다. 서로 안에 존재하며 서로를 위하는 삼위일체의 페리코레시스는 욕망의 올바른 모델임이 분명하다. 도시라는 거대한 공동체가 계속 굴러가기 위해서는 서로의 욕망을 충족시켜주는 대안적 욕망 공동체가 필요하다. 진정한 것, 궁극적인 것, 영원한 것을 욕망함으로써 모두의 욕망을 구원시켜줄 공동체 말이다.

3장

예전, 시간의 충만함

일상을 특별하게 만드는 것은 일상적인 것이 아닌 비일상적인, 아니 탈일상화된 무언가다. 갑작스럽게 우리의 시간과 공간 안으로 파고든 초일상의 현실(reality)은 일상을 새롭게 해석하게 할 뿐 아니라 변화의 모티프를 제공한다. 가령 오래된 가족사진을 보거나 낯선 외국을 여행할 때 우리는 현재의 나를 넘어서는 외부의 시선으로 자신과 주변을 관찰하게 된다. 찰나에 경험되는 시공간의 의식 이동이지만 경험되는 느낌과 감정, 생각, 관점은 전혀 달라진다.

탈일상은 현실의 자신을 낯선 타인으로 인식하게 하는 묘한 여운을 준다. 장소의 변화가 가져다주는 풍경의 이질감은 이곳과 저곳 사이에 항상 동일한 '나'로 존재하려는 인식의 흐름에 균열을 일으킨다. 이러한 일상의 탈일상화는 오감을 새롭게 자극하여 현실을 새롭게 성찰하게 한다. 즉 평범한 일상을 비범하게 통찰하는 것은 평범하지 않은 초월적인 타자의 시선을 통해서 가능하다. 세속의 일상을 살아가지만 탈세속의 시선으로 자신과 주변을 바라보는 것은 땅의 시선이 아니라 하늘의 시선으로 세상을 주시하는 것이며, 유한성 안에서 영원한 찰나의 순간을 포착하려는 시도이기도 하다.

제임스 스미스는 *How to Inhabit Time*에서 시간의 충만함을 경험하기 위해 우리가 어느 시간을 살아가는지(when are we?)를 아는 것이 중요하다고 말한다. 지금 몇 시인지(What time is it?) 묻는 것이 시간의 한 지점을 묻는 것이라면, 어느 시간을 살아가는지(when are we?)는 시절과 때에 관한 질문이라 할 수 있다. 현실을 인식할 때 우리가 어디에 서 있는지(where are we?)가 주된 질문이었다면, 시간의 영원성을 알기 위해서는 어느 때에 놓여 있는지를 아는 지혜가 필요하다. 인간은 찰나를 살아가는 동시에 하나님의 역사를 살아가며 그 속에 머무르기 때문이다.[1] 어디에 있는가라는 질문을 통해 어떤 중심점에서 자신의 위치를 파악한다. 내가 세상의 중심이 아니기 때문에 장소적으로 관계적으로 어디쯤에 놓여 있는지를 아는 것이 핵심이다. 일상 안에서 영적인 시간을 판별하는 것(spiritual timekeeping)은 역사 안에서 자신의 존재됨과 일시성을 개인적 또는 공동체적으로 파악하는 것이다. 또한 어떻게 시간이 우리를 형성하는지를 깨닫는 것이다.

오늘날 일상의 문제는 단순히 정치적이거나 경제적인 것만은 아니다. 성스러움과 초월성을 잃어버린 사회에서 일상은 자본과 권력에 포섭된 채 흘러가 버린다. 세속화된 근대성은 성스러운 것과 세속적인 것, 종교적인 것과 일상적인 것을 철저히 분리시켰다. 아니 '종교'를 종교란 이름의 영역으로 가두어버렸다. 그래서 우리는 하나님을 경험하거나 초월의 세계에 들어가는 경험을 특별한 장소와 시간에서만 할 수 있다고 생각한다.

일요일에 교회(예배당)에서 예배를 드릴 때, 오래된 찬송가를 부를

---

1   James K. A. Smith, *How to Inhabit Time* (Grand Rapids: Brazos Press, 2022), 4.

도시를 어떻게 충만케 할 것인가?

때, 성경에 기록된 말씀을 읽을 때 우리는 초월적인 그 무언가와 연결되어 있음을 느끼지만, 일상의 시공간에서는 그런 감흥을 발견하기가 쉽지 않다. 대다수 그리스도인은 교회에서 부활절과 성탄절을 보내면서 예수의 탄생과 죽음이 갖는 신앙적 의미들을 되뇌이며 종교적인(제의적인) 일정을 소화한다. 하지만 일상과 분리된 특정한 시공간에서 이루어진 성스러움의 종교적 경험이 일상의 충만함으로 연결되기에는 한계가 있다.

전 인류는 코로나19를 통해 일상성이 깨어지는 경험을 했다. 탈일상화된 일상의 시간을 보내면서 참된 일상이 무엇인지 고민하기 시작했다. 비대면 사회에서 종교적 삶은 개인이 일상의 삶의 자리에서 오롯이 감당해야 하는 몫이 되었다. 우리의 예배는 더 이상 특정한 시공간에 갇혀 있지 않으며, 그래야 한다는 환상마저 사라진 지 오래다. 코로나의 일상은 사회 전반의 위기였지만 또 다른 기회이기도 했다. 일상의 충만함을 추구하며 삶의 자리에서 신성함을 찾으려는 시도가 펼쳐지기 시작했다.

코로나 기간 중, 온라인 예배와 가정 예배를 통해 오늘날 그리스도인들은 예배의 새로운 상상을 경험했다. **공간과 형식을 넘어서는 일상의 예배 경험은 일상을 더욱더 거룩한 공간과 시간으로 바꿀 수 있는 가능성을 열어놓았다. 집과 거실이 예배의 공간이 되고, 안방이 골방과 같은 기도처가 되고, 공원과 길거리가 묵상과 성찰의 자리가 되는 놀라운 체험이 시작되었다.** 일상을 초월의 공간으로, 동시에 신성한 경험이 가능하면서도 구원의 파노라마가 펼쳐지는 장으로 인식하기 시작한 것이다. 코로나가 가져다준 뜻밖의 일상의 전환은 예배당을 벗어난 예전적 삶(liturgical life)으로 우리를 안내한다. 성스러운 행위는 종교적 술어로만 묘사되는 것이 아니라, 각자가 반복되는 특정한 삶의 습관과 실천에 어떻게 초월적인 의미를 부여하는가에 따라 달라질 수 있다. 일상의 영성과 초월성을 회복하는 것이 바로 일상적 삶으로 가는 첫걸음이다. 신앙적 삶은 초월적 실재를 각자의 현실에서 재현하는 것이다. 그것이 가능한 이유는 믿음이 바라는 것들의 실상(히 11:1)이기 때문이다.

삶의 예전으로서의 일상성

티시 워런(Tish Warren)은 『오늘이라는 예배』에서 평범한 하루의 반복된 행위들이 갖는 거룩함을 잘 묘사한다. 아침에 일어나 세수하는 행위에서 그녀는 기독교의 세례 의식을 떠올리며 과거의 삶과 단절된 새로운 존재로의 변화를 다짐한다. 물속에 완전히 잠겼다가 다시 올라오는 침례(세례)는 아니지만 아침의 단잠을 깨우는 세수를 통해 삼위일체의 은혜 아래 새로운 날을 맞이한 것을 감사하게 된다고 고백한다. 그녀에게 일상의 작은 습관들은 매일의 예전(liturgy)과 같다.[2]

새벽기도에 나와 하루를 시작하는 현대 그리스도인의 삶은 현실 안

---

2   Tish Harrison Warren, *Liturgy of the Ordinary* (IVP, 2016), 30-31. (『오늘이라는 예배』, IVP 역간).

에서 초월적 시간을 살아가는 것과 같다. 현실의 수많은 아픔과 고민을 하나님께 기도하면서 우리는 일상의 이중성을 마주한다. 현실과 초현실 사이의 오묘한 조화를 통해 현실을 초현실로, 초현실을 현실로 고백하기를 반복한다. 예전으로서의 일상은 개인의 현실을 조금씩 변화시키며 성찰적 습관(contemplative habit)을 길들인다. 하지만 더 나아가 공동체와 공공의 영역에서 펼쳐지는 예전은 종교적 초월성과 신앙의 충만함을 일상의 구체적인 예시로 확장시킨다.

일상은 모든 존재의 바탕이며 신앙의 토대다. 무수히 반복되는 생의 순환은 의식하든 못하든 존재와 존재 행위를 고스란히 드러낸다. 일상이 반복된다고 해도 모든 것이 정해진 루틴대로 흘러가지는 않는다. 일상은 도화지와 같다. 그 위에 어떤 그림을 그릴지는 각자의 몫이다. 예수의 일상을 생각해보자. 주님은 일상의 모든 루틴에서 초월적 삶과 현실적 삶의 조화를 이루셨다. 그분의 일상은 하나님과 함께하는 시간과 홀로 있는 시간 그리고 사람들과 함께하는 시간으로 나뉜다. 먹고 마시고 대화하는 모든 순간 안에 육화된 신적 품성이 스며들어 있다. 그분은 현실을 떠나지 않으면서도 현실을 초월해 계셨다. 마치 구정물 가득한 연못에서 피어나는 한 송이 연꽃처럼 말이다. 어쩌면 우리의 일상적 신앙은 세속의 한복판에서 찬란하게 꽃 한 송이를 피우는 것인지도 모른다.

현대 도시의 일상적 행위는 사회에서 학습된 시스템과 함께 개인의 육체적, 정서적 욕망을 따른 결과물이다. 도시의 사상가이자 역사가인 루이스 멈퍼드(Lewis Mumford)는 점점 죽음의 도시로 변모해가는 기계 도시와 같은 현대 도시의 실체를 고발한다. 기술과 함께 발전한 도시 문명은 '거대한 기계'(megamachine)처럼 운영될 뿐 아니라 기계가 가져다준 신화 위에 건설되고 있다. 멈퍼드는 『기계의 신화』1, 2권에서 비인간적인 요소들로 구성된 방대한 사회 제도로서의 기계(social machine)를 설명하면서, 그것이 인위적으로 사회를 연대시키고 통제한다고 비판한다.[3] 기술에 대한 믿음은 기술 자체에 대한 관심이라기보다 종교를 대체한 하나의 이데올로기로서 의심 없이 받아들여진다. 도시는 거대한 기계처럼 인간의 간섭 없이도 짜여진 시스템처럼 운영될 뿐 아니라 시민들은 그것이 옳다고 자발적으로 동의한다. 시간을 분과 초 단위로 잘게 쪼개어 그 사이를 빽빽한 일정들로 채워가게 한다. 시계와 달력은 현대인의 시간이 관계적이지 않고 파편적이고 분리되어 있음을 잘 보여준다.

일상의 기계화는 우리를 비인간적 삶으로 인도한다. 우리는 세속의 일상에 작동하는 기계화된 생각과 욕망을 자각하지 못한 채 반복적으로 실천한다. 어쩌면 우리는 길들여진 애완동물인지도 모른다. 우리의 욕망은 순수한 자아의 충족을 위하기보다 기계적으로 변한 세속의 추동을 쫓아간다. 현대인은 사회가 따르는 그것을 함께 욕망하며 예배하다가 자신도 모르게 그것을 숭배하는 또 다른 예전의 삶을 살아간다. 세속의 예전이 참된 것인지 아닌지 구별하는 기준은 바로 신성한 충만함

---

3   김종달·한동희·나중규, "죽음에 이르는 도시: 루이스 멈포드의 제도론과 기술", 「한국 지역개발학회지」 88(2015), 3-5.

(divine fullness)에 있다. '충만'(充滿)을 뜻하는 그리스어 플레로마(πλήρωμα, pleroma)는 '가득 채우다', '영향을 주다', '공급하다'라는 의미다. 충만은 성경의 여러 구절에서 사용되고 있는데, 마가복음 2:21, 9:16에서는 '새 것으로 보충하여 낡은 것을 온전하게 하는 것'을 뜻하고, 에베소서 1:23에서는 **"교회는 그의 몸이니 만물 안에서 만물을 충만하게 하시는 이의 충만함이니라"**라는 표현으로 모든 만물을 채우시는 충만한 그리스도를 묘사하기도 한다. 신성한 충만의 삶은 그리스도로 가득 채워진 삶이며 세속의 허기짐을 채워주는 생명수로 가득한 삶이다. 그 삶은 여전히 배고파하며 세속의 욕구를 채우려 하는 현대인들에게 생명수를 공급한다. 충만함은 그리스도의 구속 사역이자 창조의 원형으로 돌아가는 것이다.

세속은 일상의 신성함을 벗겨내고자 우리를 탈육화(excarnation)된 삶으로 이끌어간다. 우리를 근원적인 시간과 공간에서 분리하여 영혼 없는 몸처럼 살아가게 한다. 근대의 빠른 시간에 적응하고자 스스로 고갈되게 하고 헛된 욕망을 채우게 한다. 도시의 습관은 세속적 욕망을 자극하지만, 충만한 습관은 거룩한 욕망을 추구하게 한다. 탈신성화된 세속 일상의 재신성화를 위해 우리의 일상은 다시 초월적인 언어와 행위들로 재기술되어야 한다. 현대의 자아는 초월적인 실재들로부터 분리된(buffered) 존재들이다. 서구 사회는 이미 탈주술화되었고 의심의 막대기를 통과한 관찰(이해) 가능한 자연의 현실들로만 구성되어왔다.[4]

---

4   Andrew Rood, *Faith Formation in a Secular Age* (Grand Rapids: Baker Academic,

영국의 성공회 신학자이자 목회자인 폴라 구더(Paula Gooder)도 일상 예전의 중요성을 강조했다. 그는 *Everyday God*에서 "일상은 우리 삶의 행복을 구성하는 필수적인 부분이며 그리스도 안에서 살아가는 삶의 중심"이라고 말한다.[5] 신앙적 삶은 현실과 동떨어진 다른 자아로 살아가는 것이 아니라 평범한 현실을 성찰하고 묵상함으로써 자신과 주변을 초월적 시선으로 바라보는 것이다. 묵상을 향한 관심은 삶의 의미와 가치에 대한 진지한 탐구에서 나오며, 자신의 뿌리에 대한 고민과 함께 자아를 향한 진정한 깨달음을 전제로 한다. 우리의 일상은 개인의 영역을 넘어 누군가와 공존하고 함께하는 공공의 영역이며, 우리는 그 안에서 구현해야 하는 공적 가치가 있음을 인식할 필요가 있다. 타인의 일상과 나의 일상은 분리될 수 없다. 그렇기 때문에 일상은 공적이고 관계적이며 누군가를 통해 상호적으로 보완될 수 있는 장이다.

인류학자인 조엘 로빈스(Joel Robbins)는 기독교의 교리가 일상의 삶과 사회에 어떻게 영향을 미치는지에 관해 흥미로운 이야기를 전한다. 그는 파푸아 뉴기니의 우랍민(Urapmin) 지역의 복음화 과정을 소개하면서 기독교의 속죄 교리(atonement theories)가 지역 사회와 부족민들의 삶에 상당한 변화를 가져왔음을 언급한다. 전통적인 토속 신앙(totemism)이 강한 부족 사회는 자신들만의 영적 세계를 구축하고 있다. 생의 길흉화복을 악

2017), 5.

5   Paula Gooder, *Everyday God* (Canterbury Press, 2012), 4.

령의 역사와 죄의 결과로 인식하는 사회에서 주술적인 힘은 그 사회를 구원하는 원동력이자 두려움의 대상이다. 주술적 힘이 그 사회를 지배하기 때문에 그들의 세계관은 종교적 술어로 가득 차 있다. 부족이 두려워하는 악의 존재는 모든 질병과 죽음의 근원으로서 반사회적이고 비도덕적인 삶을 이끄는 마력을 지닌다. 부족민들은 악한 영을 쫓아내기 위해 중매자(무당)의 도움을 구한다.[6] 하지만 우랍민 지역에 선교사들을 통해 복음이 들어오면서 조금씩 변화가 나타난다. 초월적 실재를 두려워하며 그속에 포섭되어 살아오던 이들이 새로운 초월적 실재를 통해 현실 문제를 극복해나간 것이다. 그들은 질병과 불행한 일을 더 이상 악령의 장난으로 받아들이지 않게 되었다. 특히 예수 그리스도의 삶이 보여준 신앙의 내러티브로 인해 복음을 믿고 따르는 주민들은 새로운 일상을 살기 시작했다. 모든 악과 죄의 문제를 담당하신 예수 그리스도를 신뢰함으로써 악령으로부터 탈출하여 자유와 평안의 삶을 살아가게 되었을 뿐 아니라 더 나은 사회를 향한 공동체적 비전에 자신을 헌신하게 되었다.

　　이것은 문명화가 덜 이루어진 특정 부족에 관한 이야기만이 아니다. 세속의 잘못된 신화에 갇혀 있는 오늘날도 별반 다르지 않다. 잘못된 종교적 예전은 일상을 억압하고 착취하기도 한다. 거룩함을 추구하는 종교가 사람을 종교 자체에 몰두하게 만들 때, 일상의 영역은 파괴될 수밖

6　　Joel Robbins, *Theology and Anthropology of Christian Life* (Oxford: Oxford University Press, 2020), 66.

에 없다. 일상적 신앙은 종교의 자리가 아니라 삶의 자리에서 발현된다. 종교적 믿음과 신념은 일상의 옷을 입고 세속의 한복판에 모습을 드러낸다. 일상과 분리된 종교는 허공을 떠도는 유령일 뿐이다.

진정한 것의 발견

미국 루터 신학교(Luther Seminary)의 실천 신학자 앤드류 루트(Andrew Root)는 베이커 출판사에서 출간된 *Ministry in a Secular Age*라는 3부작 저서를 통해 '진정한 것'의 참된 의미를 포착한다. 그는 세속 사회의 잃어버린 진정성(authenticity)을 찰스 테일러의 논의를 기초로 서술하면서 종교의 역할이 달라지고 있음을 설명한다. 특히 3부작의 마지막 책인 *The Congregation in a Secular Age*에서 근현대 사회는 시간의 성스러움을 잃어버린 채 빠른 변화와 혁신으로 포장한 발전을 최고의 가치로 삼는다고 비판한다.

> 근대 사회에서 '살아 있다는 것'의 의미는 현대인의 삶이 계속해서 끊임없이 엑셀러레이터(가속기)를 밟고 달리고 있다는 뜻이다. 이러한 가속은 현대의 시간이 거룩함을 소멸한 채 경쟁적으로 질주하고 있음을 잘 보여준다. 현대사회의 종교(congregations) 역시 스피드에 상당한 영향을 받고 있으며, 속도를 유지할 수 없을 때는 집단 우울감에 빠지기도

한다.[7]

세속 시대의 종교는 공동체의 전통이 간직해온 거룩한 시간성을 상실한 채 영적인 개인주의에 함몰되면서 개인의 내면을 강화하는 쪽으로 발전해왔다. 하지만 진정성을 추구하는 탈세속 시대의 영성은 개인의 한계를 넘어서 통전적인 사회성을 포함하는 초월성을 향해 나아간다. 조용한 시간, 거룩한 세계 안으로 홀로 들어가는 것보다, 공동체가 거룩한 시간을 공유하며 누리는 것이 중요하다. 세속의 닫힌 세계는 개인적이고 형이상학적인 인식론이 지배하지만, 탈세속의 초월성을 향한 열린 세계는 공동체적이고, 사회적이며, 충만한 영적인 것들을 추구한다.[8]

세속화된 현대 사회에 가장 신성한 것은 무엇일까? 바로 새로운 것(Newness)이다. 이 새로움은 공동체적인 차원의 새로움이 아니라 개인의 취향과 기호에 따른 감각적인 새로움이다. 새로움을 추앙하는 사회에서 과거의 것, 낡은 것, 변하지 않는 것, 천천히 흘러가는 것은 속도의 시대에 부정적인 의미를 지니며, 반대로 끊임없이 자기 변혁을 추구하는 기업과 사람들을 선하고 아름다운 것으로 평가한다. 세속의 일상은 언제나 새로움으로 자신을 포장하려 한다. 일상의 창조적 행위를 새로운 물건과 대상

---

7   Andrew Root, *The Congregation in a Secular Age* (Grand Rapids: Baker Academic, 2021), xii.
8   김승환, 『공공성과 공동체성』(서울: CLC, 2021), 59.

을 통해 해소하려 한다. 하지만 자신의 외부로부터 찾아오는 새로운 것은 결코 내부의 새로움으로 연결되지 못한다. 시간이 지나면 또 다른 신상을 향해 달려갈 뿐이다. 이러한 신상주의(newism)가 현대 도시를 장악하고 있다. 새로운 자동차, 아파트, 가방, 노래, 핸드폰, 옷 등등. 수많은 신상이 현대인들의 눈과 귀를 사로잡고 있다.

'새로움'은 세속 도시에서 최상의 선으로서 현대인들의 욕구를 정확히 채우고 있다. 새로운 디자인과 기술이 결합된 상품이 출시될 때마다 현대인들은 열광하며 열렬한 노예가 되길 주저하지 않는다. 오늘날 변화를 가져오는 기술은 희망과 환상의 초월성을 대체한다.[9] 기술은 인간에게 흥분감과 심지어 영적인 쾌감을 제공하며 미래를 향한 유토피아적 세계를 상상하게 한다. 인간이 기다리는 것은 종말론적 신앙의 시간이 아니라 기술이 제공할 더 나은 사회. 그 믿음은 종교적인 것 못지않게 견고하다. 속도의 시대에 시간의 주인은 실리콘 밸리다. 실리콘 밸리는 가속화된 근대성을 포용하고, 더 나은 삶을 희망하게 하는 비전과 상품을 제공함으로써 이 사회의 주인이 되었다. 소셜 미디어를 통해 더 빠르게, 더 멀리, 더 많은 사람들과 관계를 맺을 수 있는 다양한 가상의 공간들로 인해 인간은 스스로 이 사회에서 노예가 되어간다.

세속 도시에서 교회는 변화의 시대에 어떻게 살아남고 있을까? 교회는 이런 변화의 속도에 나름의 방식으로 적응해오고 있다. 성장과 혁신

---

9   Andrew Root, *The Congregation in a Secular Age*, 68.

도시를 어떻게 충만케 할 것인가?

을 주제로 새로움을 향하는 설교자의 메시지와 교회의 프로그램은 어느 정도 비슷한 구석이 있다. 빠른 믿음의 성장과 성숙을 가능하게 하는 속성화된 제자 훈련과 성경 공부는 그리스도인들의 지적인 만족을 채워주는 동시에 한 단계를 수료할 때마다 공인된 믿음을 인정받는 착각마저 들게 한다. 하지만 빠른 속성 과정은 언제나 문제가 있다. 목회자들은 탈진했으며 1년 내내 숨 가쁘게 돌아가는 일정들로 성도들은 교회를 떠나고 싶어 한다. 무언가를 열심히 쫓아다니지만 정작 자신이 쫓는 것이 무엇인지 알지 못한다. 남는 것은 공허함과 분노뿐이다. 무한한 속도의 경쟁으로 모두 시간의 빈곤(time-famine)을 경험하고 있다.[10] 풍요로운 세속 사회는 시간도 돈으로 살 수 있다고 자부하지만 가난한 이들은 하루라도 일을 하지 않으면 생계를 유지할 수 없기 때문에 여전히 빈곤한 시간을 살아간다.

그렇다고 도시의 속도를 거부하고 천천히, 느리게 중세의 수도원적인 삶을 살아가는 신앙의 패턴이 정답은 아니다. **앤드류 루트는 시간의 느림(slow)이 아닌 시간의 충만함(fullness)을 제안한다. 시간의 빈곤 속에서 우리가 갈망하는 것은 생명력이 넘치는 충만한 시간의 일상이다.** 시간의 양이 아니라 시간의 질이 문제다. 충만한 일상은 진실된 환희를 경험하는 것이며, 그것이 공명(resonance)하여 주변에까지 차고 넘치게 하는 생

---

10   Andrew Root, *The Congregation in a Secular Age*, 156.

명으로 우리를 안내한다.[11] 충만한 시간은 일시적인 것에 집착하지 않고 영원한 것을 연결시킨다. 충만한 시간은 절대로 변하지 않는 시간에 기대어 있다. 영화 "죽은 시인의 사회"가 우리에게 던진 말 카르페 디엠(carpe diem)이 '지금을 즐기라'는 현세적 삶을 강조했다면, 그 지금은 영원과 맞닿은 지금이어야 한다.

제임스 스미스는 시간의 충만함을 누리기 위해 알아야 할 영적인 시간 생활(spiritual timekeeping)의 네 가지 요소를 제시한다. 첫째는 우리가 시간의 존재라는 점을 기억하는 것이다. 시간은 단선적이지 않으며, 계절의 변화처럼 무한한 반복의 연속으로 존재를 변화(성장)시킨다. 그것이 창조주의 섭리며 존재가 살아가는 방식이다. 둘째는 하나님이 약속(covenant)하신 시간을 신뢰하는 것이다. 종말의 때를 기억하고 지금이 영원하지 않음을 깨달을 필요가 있다. 셋째는 예수께서 약속하신 성령님은 모든 시간을 통해 우리를 진리로 이끄신다는 사실이다. 우리의 성화는 존재적 차원뿐 아니라 완전한 시간으로 향하는 것이기도 하다. 마지막으로 우리는 영적인 시간 속에서 조금씩 '희망'의 미래로 향한다는 것을 기억해야 한다.[12]

그렇다면 우리는 어떻게 영원한 시간을 살아갈 수 있을까? 기독교 전통에서는 시간을 크게 두 가지로 구분해왔다. **바로 크로노스(*chronos*)**

---

11   Andrew Root, *The Congregation in a Secular Age*, 199.
12   James K. A. Smith, *How to Inhabit Time*, 16-18.

도시를 어떻게 충만케 할 것인가?

와 카이로스(*kairos*)**다.** 크로노스는 자연적인 시간으로서 하루 24시간, 일주일, 한 달, 1년 이렇게 흘러가는 시간이다. 물리적인 시간이자 보통의 시간으로서 모든 존재에게 동일하게 적용된다. 하지만 카이로스는 사건으로서의 시간이다. 개인과 공동체에 주어진 특정한 사건으로 기억되는 시간이다. 내가 태어나던 때, 사랑하는 가족이 세상을 떠날 때, 큰 자연 재해가 발생했을 때, 나라에 전쟁이 터졌을 때처럼 말이다. 에베소서 5:16의 '세월을 아끼라. 때가 악하니라'는 말은 흘러가는 크로노스의 시간을 사건으로서의 시간 곧 카이로스로 채우라는 의미이기도 하다. **빈곤한 세속의 일상을 채울 수 있는 것은 잠깐의 여유와 휴식이 아니라 초월적인 무언가로부터 부어지는 진정한 것이다.** 신성한 시간을 거니는 것은 흘러가는 시간에 편승된 채 살아가는 것이 아니라 탈세속의 시간표에 자신을 끼워맞추는 것이다. 하나님의 종말론적인 시간은 언제나 희망을 향하고 있으며 우리의 현재를 해석하고 다르게 실천하도록 인도한다. 시간의 충만함은 현재에서 영원에 연결될 때 느낄 수 있다. 진정한 환희는 내 안에서 흘러나오는 것이 아니라 초월자와의 관계를 통해 선물로 허락될 뿐이다. 세속의 시간은 카이로스의 시간 개입을 허용하지 않는다. 우리를 벗어날 수 없는 굴레에서 계속 맴돌게 할 뿐이다.

　하지만 진정성과 영성이 종교성을 대체한 탈세속 사회에는 충만한 시간을 향한 갈망이 있다. 삶의 의미를 성찰하고 묵상하는 것은 종교인들의 전유물이 아니며 현대 사회에서는 세속의 한복판에서 잠시 시간의 흐름을 멈추고 자신을 되돌아보고자 하는 욕구를 느낀다. 찰스 테일러가 말한 진정성은 자아를 향한 근본적인 질문과 성찰로부터 출발한다. 우리 안의 깊은 곳에 있는 무언가와 마주할 때 우리는 양심과 도덕성에 눈을 뜨기 시작한다. 이런 질문과 유사한 접근은 신에 관한 궁금증과 같은 것이다.[13] 진정성을 향한 삶의 관심은 조금 더 책임 있는 삶을 살도록 우리를 이끈다. 무한한 자유를 남용함으로써 쾌락을 추구하도록 하는 것이 아니라 타자를 염두에 두고 상호 번영을 향한 올바른 선택을 고민하며 공동체의 이상을 실현하는 데 헌신하게 한다. 진정성은 우리 자아를 새로운 존재로 보게 만들고 초월적 시선으로 자신과 타인을 인식하게 한다.

앤드류 루트는 '생생함'(youthfulness)이라는 현대적인 용어로 진정한 것의 의미를 설명한다.[14] 생생함은 생물학적인 나이로 측정되거나 10대와 20대의 전유물로 국한되지 않는다. 그것은 진정성이 무엇인지 가장 잘 보여줄 수 있는 생명력이자 변화를 위한 원동력이다. 살아 있는 생생함은 자아가 본래적으로 추구하려고 했던 순수한 목적이자 신성한 것으로 덧입힌 초월적 자아의 모습이다. 생생함은 세속 사회가 놓치고 있는 탈이성적 삶이자 거룩한 욕망을 향한 존재 그 자체의 몸짓이다. 죽어 있는 존재, 무감각한 존재가 아니라 계속해서 익숙한 것을 거부하고 제도화된 사회에서 탈출하여 초월적 세계를 향해 달음질하는 존재의 모습과 같다. 이는 바로 생명의 근원으로부터 흘러나오는 생수를 마신 모습과 같다.

---

13   Charles Taylor, *The Ethics of Authenticity*, 26-27.
14   Andrew Root, *Faith Formation in a Secular Age*, 13.

도시를 어떻게 충만케 할 것인가?

시간의 충만함

작년 8월 말 늦은 오후, 2학기 개강을 앞두고 한 연구소의 저녁 식사 모임이 있어서 후암동을 찾았다. 퇴근 시간에 길이 막힐까 봐 서둘러 차를 몰고 나왔다. 한남대교를 건너서 남산 둘레길을 따라 후암동에 도착했다. 강남에서 강북으로 건너올 때면 묘한 기분이 든다. 한강을 사이에 두고 있지만 같은 서울인데 마치 전혀 다른 장소로 날아온 듯, 낯선 골목 풍경과 오래된 간판을 빤히 쳐다보게 된다. 동네를 구경할 겸 구도심으로 발걸음을 옮겼다. 비가 조금씩 내렸다. 후암시장으로 내려가다가 코너에서 방향을 틀었을 때, 잠깐 당황했다. 시장 너머로 들어온 풍경은 서울역 주변의 고층 건물들이었다. 하늘을 가리듯 높은 키를 자랑하는 신상 오피스텔 건물들이 거대한 동상처럼, 아니 서로를 가로막는 벽처럼 느껴졌다. 새로운 시간과 오래된 시간이 혼재하는 도시에서 인간은 전혀 다른 두 시간을 살아가고 있다.

시간이 쌓여 있는 오래된 동네에는 묘한 풍경들이 연출된다. 단순히 새로움으로 설명되지 않는 오래됨이 주는 매력이라고 할까? 현대인들이 과거를 살아갈 수는 없지만 과거의 시간을 현재에서 경험할 때 시간의 초월이 일어난다. **시간의 왜곡(구부러짐)으로 인해 현재 안에 다른 두 시대가 공존하면서 현재의 시선에서 과거를 성찰하고, 다시 과거의 눈으로 현재를 재해석하게 된다.** 이러한 시간의 공간화와 공간의 시간화는 시공간의 질감을 살아 있게 하며 다양한 각도에서 존재를 조명하며 성찰하게 한다.

시간은 공간을 통해서 경험되고, 반대로 공간 역시 시간을 통해서 생생하게 살아 있게 된다. 시공간이 교차하며 다양한 역사의 층위를 마주할 때, 우리는 과거로부터 현재로 이어지는 크로노스에서 카이로스의 순간으로 연결되는 놀라운 경험을 하게 된다.

기독교 전통에서는 예배와 예전을 통해 과거와 현재가 교차하는 시간의 중첩을 매주 경험한다. 세속은 시간을 타임라인처럼 하나의 직선으로 이해한다. 과거에서 미래로 오로지 직진만 존재한다. 하지만 인간이 경험하는 시간은 단선적이지 않으며 중첩된 형태를 띤다. 어제의 사건과 오늘의 현실 그리고 미래의 희망들이 혼합되어 수십, 수백 년을 오고 가며 우리를 재구성한다. 우리는 예배와 예전을 통해 수천 년 전의 성경의 사건을 이야기하고 고백하면서, 과거의 사건을 자신의 사건으로 내면화한다. 이를 통해 우리는 카이로스의 시선으로 크로노스를 해석하게 된다. 제이미 스미스는 영원(eternity)이 역사의 한 시점에 파고드는 것을 '성육신의 시간'(incarnational time)이 지닌 역설이라 말했다.[15] **이러한 역설적인 성육신의 시간은 매 순간이 영원과 맞닿아 있음을 깨닫게 하며, 초월적 시간으로 현실을 창조적으로 성찰하게 한다. 이는 무한이 유한으로 파고들어와 유한을 무한의 순간으로 변화시킬 뿐 아니라, 무한의 시절을 살아가게 하는 놀라운 순간이기도 하다.** 우리가 잠잠히 기도하며 그리스도의 충만한 시간에 머무를 때, 기계화된 24-7의 구조를 벗어나 거룩한 리

---

15   James K. A. Smith, *How to Inhabit Time*, 84.

들 안으로 스며들게 된다. 기도는 일상의 구심점을 잡아주고 자연스러운 시간의 감각을 일깨우는 행위다.[16] 비록 우리가 매 주일 드리는 예배와 기도에서 예수 그리스도를 직접 대면할 수 없을지라도 예배와 예전을 통해 카이로스의 시간을 경험하며 충만함을 누리게 된다. 우리의 예배가 세속에서부터 초월적인 세계로 우리의 관심을 돌려놓지 못한다면 그 예배는 진정성에서 이미 실패했다고 볼 수 있다.

현대인들의 일상은 빈곤한 시간의 성찰로 가득하다. 시대의 변화를 좇아가려고 발버둥 칠 때조차 정작 자신이 어느 때(*kairos*)에 서 있는지, 또 무엇을 향하는지, 어떤 가치와 질서에 순응하고 있는지 인식할 수 없다. 자신의 리듬과 패턴을 잃어버리고 세속 시대가 추구하는, 무섭게 질주하는 레이스에 참여하게 된다. 그러나 이 경주는 수많은 낙오자와 실패자를 양산할 뿐이다. 현대인들이 느끼는/인식하는 죄성(sinned)은 시간의 빈곤함을 자각하지 못한 무력감이며, 바쁜 일상에서 추앙되는 새로움을 향한 변화의 속도에 적응하지 못했다는 자책감이다.

이러한 세속 사회에서 종교의 역할 중 하나는 해석과 성찰을 제공하는 것이다. 특히 속도의 경쟁으로 질주하며 앞만 바라보는 사회에서 종교는 사람들의 속도를 늦추거나 방향을 전환시키는 전략적인 접근을 시도해야 한다. 자동차가 가속할 때는 상당량의 화석 에너지를 단번에 휘

---

16   Bryan P. Stone, Claire Wolfteich, *Sabbtath in the City* (Louisville: Westminster John Knox Press, 2008), 68.

발시키며 질주한다. 에너지의 효율은 필요 없고 그 순간에 전력을 다한 채 무섭게 쏘아붙인다. 일상의 가속화는 시공간과 인류를 휘발시키며 달려가는 것과 마찬가지다. 세속 도시는 모든 것이 소진될 때까지 질주할 뿐이다. 마지막에 웃는 승자란 없다. 모두 탈진할 때까지 달릴 뿐이다. 우리가 충만한 시간을 누리는 것은 시간 낭비가 아니다. 그것은 시간을 창조적으로 해석하고 사유의 틈을 내는 작업이다.

하버마스는 종교 공동체를 하나의 해석 공동체(Communities of interpretation)로 이해했다. 종교가 제공하는 인식의 틀은 소속 여부와 상관없이 다원화된 세계에서 다른 관점과 충돌하며 균열을 일으킨다. 여러 전통과 세계관에 따라 상충된 견해들이 충돌하는 일상에는 지배적인 해석을 위한 패러다임의 충돌이 일어난다. 그리스도인들도 마찬가지다. 신앙 공동체가 제공하는 신념과 교리를 순수하게 수용하는 것이 아니라 내적인 해석 과정을 거친다.[17] 종교가 마냥 세속과 대척점에 있는 것이 아니라 개인과 공동체 안에서 대화와 타협을 통해 적용(변용)의 과정을 거치게 된다.

인간은 잠시 이 땅에 머무는 유한한 시간을 살아간다. 유한한 시간표에서 영원의 지점을 붙잡고 소유하는 것이 시간의 충만함으로 들어가는 것이다. 거룩한 시간(sacred time)은 베이스캠프와 같다. 그것은 탈진하

---

17   William A. Barbieri Jr., "The Post-Secular Problematic," edited William A. Barbieri Jr., *At the Limits of the Secular* (Grand Rapids: William B. Eerdmans, 2014), 138.

도시를 어떻게 충만케 할 것인가?

고 돌아온 현대인들이 다시 충전하고 안식을 느끼는 태고적 시간이다. 충만한 시간은 시간의 창조주와 연결된 시간이다. 그분의 현존을 경험하는 시간이며, 왜곡된 시간성을 벗어나 구속의 시간표에 올라탄 모습이기도 하다. 예전과 같은 성스러운 시간과 마주한 인간은 거짓된 시간의 충만함, 즉 바쁨으로 가득 찬 세속의 시간표에 숨겨진 허구성을 폭로한다. 시간을 성찰하지 못한 인간은 진정한 자아를 만나는 데 실패한다.

그리스도인은 현재를 살아가면서도 과거와 미래를 오고 가는 초시간적 현실을 살아간다. 그것은 현실성을 잃어버린 초월적 삶, 즉 탈육화된(excarnation) 삶이 아니다. 성경의 이야기를 통해 인간 역사의 한복판에 찾아오신 하나님의 성육적 시간성을 인식하는 동시에, 종말에 완성될 하나님 나라의 초시간성을 희망하며 살아가는 삶이다. 기독교의 예배(예전)는 다른 두 시간대를 연결하는 작은 문과 같다. 예배당의 문을 열고 들어갈 때 우리는 장소적으로 이동하는 동시에 크로노스에서 카이로스로, 일시적 시간에서 영원한 시간으로 옮겨가게 된다. 하지만 이러한 시간의 이동이 종교적인 건물에서 일어나는 데 그쳐서는 안 되고 일상의 예배(예전)를 통해 더욱 선명하게 경험되어야 한다. 일상의 예전은 세속의 공간적 탈출 없이 세속의 한복판에서 초월로 연결되는 신비다. 예전을 통해 맛보는 거룩의 현실은 끊임없이 세속의 시간을 갈망하는 현실에서 벗어나 하나님 앞에서, 하나님과 함께, 하나님을 통한 자아의 진정성을 바라보게 한다. **우리는 더 많은 시간이 필요한 것이 아니라 더욱 충만한 시간**

이 필요하다.[18] 시간을 천천히 보내는 것만이 정답은 아니다. 빠른 일상의 속도를 늦추는 것이 필요하지만, 느린 속도로 삶을 살아가는 것이 충만한 시간을 보장하지는 않는다. 속도의 문제가 아니라 매개(mediated)의 문제다. 무엇을 통해서 경험되는 시간인지가 중요하다.

은총의 선물로서의 일상

『2024 트렌드 코리아』에서 김난도 교수팀은 한국사회의 현주소를 '분초사회'로 규정했다. '빨리빨리'에 익숙한 우리 문화지만 오늘날 한국의 시간 관념은 과거와 사뭇 다르다. '시간의 가성비'를 극도로 추구하면서, 밀도 있는 시간을 경험하고자 애쓴다. 직장인들은 하루 월차를 쓰지 않고, 반차 또는 반반차, 반반반차로 나눠 사용한다. 대중교통의 최적 시간을 확인하고, 결말을 알려주는 영화 요약 영상을 즐겨보고, 동시에 여러 가지 일을 하는 등 '시간이 곧 돈'이 된 사회다.[19] 김난도 교수팀은 시간을 효율적으로 사용하려는 한국 사회의 분위기가 자본 경제에서 경험 경제, 즉 경험을 중요시하는 사회로 전환되었다고 평가했다. 나의 시간을 누군가에게 빼앗기지 않고 주도적으로 의미와 가치 있는 삶으로 채우고자 한다.

---

18   Andrew Root, *The Congregation in a Secular Age*, 172.
19   김난도 외, 『트렌드 코리아 2024』(서울: 미래의 창, 2023), 133-39.

도시를 어떻게 충만케 할 것인가?

현대인들은 빠른 시대의 변화 속에서 자신의 경험을 충만히 채워줄 수 있는 의미의 경험을 추구하려 한다. 이러한 충만한 시간의 경험은 일상을 다시 살아가게 하는 에너지다. 그렇다고 충만한 시간이 홀로 있는 고요한 시간은 아니다. 그것은 나를 충만케 하는 무엇과 연결될 때 경험되는 시간이다. 그런 시간은 신성한 이야기를 기억하고 따르는 공동체에 자신을 끼워 넣게 하거나, 탈세속의 관점으로 현실을 넘어서려는 일상의 몸짓을 만들어낸다.

충만한 시간을 경험하고 우리의 삶이 선물임을 자각할 때 나의 삶이 타자와 긴밀하게 연결되어 있음을 깨닫게 된다. 우리가 먹고 마시고, 입고 쓰는 모든 일상은 선물이다. 나의 시간과 누군가의 시간이 만나 빚어내는 공동 작업이다. 선물로서의 일상은 '나 중심이 아닌 타자의 은혜 안으로 나를 내어 맡기는 삶'이다. 즉 나를 해체하고 타자 안으로 나를 밀어넣어 서로의 일상을 풍요롭게 하는 것이다. 강영안의 말을 들어보자.

> 일상의 주제들과 관련해서 보면 우리의 삶이 곧 선물임을 깨닫게 된다. 이것이 나의 일상의 철학에서 세 번째로 중요하게 발견된다. 내가 먹는 음식과 물, 내가 입는 옷, 내가 먹고 사는 집, 내가 하는 일과 휴식, 나와 함께 사는 모든 타자들은 내가 만들어낸 산물이 아니라 나에게 주어진 것들이고, 이런 의미에서 나에게는 선물이다.[20]

---

20   강영안, 『일상의 철학』, 10.

그의 표현처럼 우리의 일상은 타자에게 빚지면서 돌아간다. 삶의 어느 것 하나 누군가와 연결되지 않은 것이 없다. 누군가의 수고로 만들어진 물건과 음식은 정당한 노동의 대가를 지불했다 하더라도 작은 격려일 뿐이다. 일상 안에서 서로의 수고가 어울려 공동체의 생명이 연장된다. 각자는 서로의 삶에 깊숙이 연결되어 있을 뿐 아니라 생명을 주고받는 동반자가 된다. 선물로서의 일상은 시간에서도 마찬가지다. 주어진 선물과 같은 은총의 시간을 나의 것으로 점유하는 것은 어리석은 짓이다. 나의 시간은 누군가의 시간과 연결되어 있다. 누군가의 시간을 통해 나의 시간이 살아 있게 된다. 시간의 연결은 동시대적일 뿐 아니라 연대기적이기도 하다. 또한 개인적일 뿐 아니라 공동체적이기도 하다. 역사의 거대한 흐름의 한 부분인 동시에 친구의 인생의 한 축이기도 하다. 중요한 것은 흘러가는 시간을 어떻게 충만한 시간으로 채워갈 것인가다. 예전으로 경험되는 초월적인 시간의 경험처럼 우리는 무수한 시간의 혼합을 찰나에 경험한다. 일상은 단순한 시간, 평평한 시간이 아니라 과거에서 미래로 연결되는 영원의 시간이다. 우리는 과거에 빚을 졌고, 또 미래에도 빚을 졌다.

일상을 선물로 이해하는 것은 '선물의 신학' 또는 '은혜의 선물'을 주장하는 근원적 정통주의(Radical Orthodoxy) 신학자인 존 밀뱅크(John Milbank)의 입장과도 맞닿아 있다. 세속의 한계를 극복하고자 종교적 초월성을 발견하려 했던 근원적 정통주의자들은 인간과 신 사이의 관계성을 주목했다. 인간은 신 또는 다른 인간 사이의 관계에서 서로가 서로에게 선물로 존재한다. 하나님(giver)이 독생자 예수(gift)를 우리에게(receiver) 선물로 주신 것처럼, 우리 역시 서로의 관계에서 모두에게 생명을 나누어 주는 수여자(giver)이자 수령자(receiver)다. 일상에서 일어나는 생명의 주고받음은 결국 일상의 주인이 결코 나 자신이 아님을 고백하게 한다. 일상의 시간을 누구와 공유할 것인가, 또 누구와 연결되어 있을 것인가를 깨닫는 것이 일상의 충만함을 사는 열쇠가 된다.

인간은 시간을 만들어내지 못한다. 시간을 조금 더 빨리, 조금 더 천천히 흘러가도록 할 수 없다. 시간은 창조주의 섭리에 따라 자연스레 흘러갈 뿐이다. 세속의 일상은 시간의 충만함을 단편적으로 이해하면서 시간이 과거에서 미래를 향해 일직선으로 흐른다고 여기게 만들었다. 하지만 충만한 시간은 앞뒤 좌우로 반복하면서 시간의 어제, 오늘, 내일을 총체적으로 바라보게 한다. 과거의 사건과 마주하게 되고 그 속에서 하나님의 사랑과 은총의 구원을 맛보며 다시 오늘을 해석하고 미래를 희망하게 한다. 그런 의미에서 시간은 신의 선물이자 은총이라 할 수 있다.

그렇다면 "What time is it?"은 잘못된 질문이다. 세속의 시계는 시간을 분절시킨다. 이것은 과거와 미래 사이의 맥락을 무시하고 현재만을 고려한 질문이다. 우리의 시간을 영원의 흐름에서 분리하여 24시간으로 계산하고 구분 지을 때 우리는 카이로스에서 분리된 채 살아갈 수밖에 없다. 우리는 제임스 스미스가 던졌던 질문처럼 "When are we?"라고 물어야 하지 않을까? 지금이 누구의 때, 어느 절기, 어느 시대인지를 질문해야 한다. 우리는 때에 알맞는 시간의 충만함을 어떻게 경험할 수 있는지에 관심을 갖는다. 왜냐하면 충만함의 시간은 언제나 영원한 것과 맞닿아 있기 때문이다.

4장

삼위일체의 공간과 공간성

우리의 일상은 집, 거리, 광장, 카페, 공원, 회사처럼 무수한 공간을 배경으로 한다. 공간은 단순히 물리적인 장소만을 의미하지 않는다. 공간은 무한하다. 장소는 그 무한한 공간 속에서 하나의 점처럼 유한한 위치를 차지한다. 한 공간의 장소적 의미는 다른 공간과의 관계에서 파악될 수 있으며, 본래적으로는 공간을 창조하신 하나님과의 관계를 통해 그 의미를 알 수 있다. 공간의 창조자이신 하나님은 공간 안과 밖에 거하시며, 공간을 연결시키는 토대가 될 뿐 아니라 그 공간에 생명을 부여하신다. 이 땅에서 어떤 무엇으로 존재한다는 것은 상호관련성 속에서 서로의 공간을 점유하고 장소를 공유한다는 의미다. 다시 말하면 존재하는 모든 것은 공간과 깊은 관련이 있다.

하지만 세속 도시는 공간의 모든 의미를 탈성화시켰다. 인간은 스스로 존립할 수 있다고 착각해왔다. 그로 인해 존재의 가치를 잃어버린 동시에, 공간이 갖는 충만한 의미를 소멸해버렸다. **세속 도시에서 공간의 상실은 마치 영혼을 잃어버린 몸처럼 생명의 근원이 되는 깊은 것을 잃어버린 것과 같다.** 다양한 존재들이 자신의 공간을 갖지 못한다는 것은, 다른 존재와 주체들 사이의 관계 단절을 의미할 뿐 아니라 존재의 소멸을 의미한다.[1] **다시 말해 공간을 잃은 존재는 죽은 존재다.**

1 　　Timothy Gorringe, *A Theology of the Built Environment* (Cambridge: Cambridge

일상의 공간을 하나의 신학적인 주제로 다루는 것은 창조의 시간 문제를 다루는 것과 비슷하다. 공간의 기원을 질문하면서 우리는 태초의 순간까지 거슬러 올라가게 된다. 공간은 시간과 함께 창조되었을까? 아니면 공간은 시간 안에서 창조되었을까? 창조를 통해 공간을 하나님 밖에서 가지고 들어왔을까? 아니면 하나님 안에서 출발시켰을까? 만일 창조주 하나님이 그분의 창조의 공간의 한계(경계)라면 하나님은 그분의 창조 안에 스스로 거하실 수 있을까? 무엇이 하나님의 절대 공간과 그분의 창조의 상대적인 공간으로 존재할 수 있을까?[2]

창조주 하나님은 자신이 만드신 창조세계에 거하신다. **창조세계는 하나님의 공간으로서 모든 피조물이 거주하는 영역이자, 신적 생명력을 풍성히 누리는 장소다. 충만한 장소다.** 모든 피조물은 장소를 통해 하나님과 관계를 맺으면서 그분 안에서 그분과 함께 존재하게 된다.[3] 세속적인 공간에서 탈세속적으로 살아가는 방법은 공간의 신성한 충만함을 경험하는 것이다. 공간을 창조하신 하나님의 의도에 따라 신적인 충만함으로 가득찬 공간을 살아가는 것이다. 물론 공간과 장소를 구분할 수도 있다. 공간이 추상적이라면 장소는 구체적이다. 공간은 움직임이 일어나는 곳이라면 장소는 정지된 곳이다. 공간이 포괄적인 개념이라면 장소는

   University Press, 2002), 36-40.

2 위르겐 몰트만, 김균진 역, 『창조 안에 계신 하느님』(서울: 한국신학연구소, 2007), 214.

3 위의 책, 20.

도시를 어떻게 충만케 할 것인가?

분리적인 개념이다. 하지만 둘은 동전의 양면처럼 분리되지 않는다. 일상의 공간을 다루기 위해 먼저 모든 공간과 장소의 근원이신 삼위일체 하나님의 공간성/장소성을 살피면서 세속 도시가 잃어버린 충만한 공간의 의의를 다루려고 한다.

삼위일체 하나님의 공간성

인간은 장소를 떠나서 살아갈 수 없다. 인간이 된다는 것은 장소적 존재가 되는 것이다.[4] 인간은 특정한 장소에 묶여 있으며 타자와 다른 비인간적 존재들과 관계를 맺고 살아간다. 즉 인간은 장소를 중심으로 관계를 맺는 존재다. 인간뿐 아니라 모든 피조물이 한 장소에 정주한다는 것은 자신의 영역, 즉 공간을 가진다는 의미다. 자신의 공간이 있다는 것은 자신의 고유성과 정체성을 형성하면서 동시에 누군가와의 만남과 사귐이 가능하다는 의미다. 이런 전제를 놓고 현대 도시에서 공간을 갖지 못한 이들의 삶을 생각해보자. 공간을 상실한 무수한 이들은 곧 존재하지 않은 존재가 된다. 공간을 갖지 못한 이들은 누군가와 동등한 위치에서 진정한 사귐이 불가능하다. 곧 사라지거나 이동해야 하는 유동적인 환경에 놓인 인간은 뿌리내리지 못한 채 불안정하게 거주할 뿐이다. 부동산 경기에 따

---

4   Timothy J. Gorringe, *A Theology of the Built Environment*, 1.

107

4장   삼위일체의 공간과 공간성

라 이주하는 도시인들은 불안한 거주를 반복하게 된다.

"태초에 하나님이 천지를 창조하시니라"(창 1:1)는 말씀과 같이 모든 시공간은 하나님의 창조 영역이다. 시공간은 삼위일체 하나님을 통해 형성된 것이며, 그분의 존재와 본성을 닮아 있다. **시간이 하나님의 영원성을 드러낸다면, 장소는 하나님의 관계적 존재 방식을 설명한다. 특별히 삼위일체 하나님의 존재적 특성을 공간적 관점에서 기술할 때, 성부, 성자, 성령 하나님의 인격적 관계성을 추론할 수 있다. 다시 말하면 비인격적인 하나님은 공간이 필요하지 않겠지만, 인격적인 하나님은 공간 안에서 자기 자신 또는 피조된 존재들과 사랑의 관계를 맺으신다.**

정교회 신학자인 두미트루 스타닐로에(Dumitru Staniloae)는 "(신적인) 공간은 인격 간의 연합으로 친밀함을 제공한다"고 말한다. 그는 "시간과 같이 공간도 상호적이며 완전한 교제를 향한 연합의 형태를 취한다"고 여겼다.[5] 공간은 모든 존재의 현실로서 상호 간의 소통 방식이자 만남과 연합의 장이다. 삼위일체 하나님의 공간적 속성을 통해 우리는 삼위일체의 인격성과 관계성을 생각해볼 수 있다. 만약 하나님이 비인격적인 신성을 갖는 존재라면, 즉 홀로 단독자로 계신 하나님이라면 관계적 공간의 어떠한 신적 토대를 발견할 수 없을 것이다. 공간에서 인격성의 부재는 관계

---

5   Dumitru Staniloae, *The Experience of God* (Brookline: Holy Cross Orthodox Press, 1994), 173.

의 단절 곧 생명 없음(lifeless)을 의미한다.[6]

　우리가 믿는 삼위일체 하나님의 신적 공간성(divine spatiality)은 하나님의 본질(esse)이기도 하다. 하나님의 공간은 모든 피조된 존재의 배경인 동시에 모든 존재가 맺는 정치 사회적 관계 방식의 배경이 된다. 하나님은 공간을 창조하실 뿐만 아니라 모든 존재와 함께 공간에 머무르시는 분이다. 하나님께서 피조된 공간에 머무르시는 방식 또한 삼위일체의 형식을 취하는데 그분은 '그리스도 안에'(in Christ), '하나님 안에'(in God), '성령님 안에'(in the Spirit)와 같이 피조된 존재를 자신 안으로 품으시고 자신의 공간을 내어주신다. 공간을 홀로 점유하는 것은 하나님의 형상을 따르는 존재 양식이라 할 수 없다. 공간을 내어주고 공간 안에 함께 거주하는 것이 곧 하나님의 형상을 닮은 피조물의 모습이다. 분리된 공간은 하나님의 관계 방식을 거부한 공간이며 하나님을 대항하는 모습이기도 하다. 마치 자신만의 공간을 세워 하나님의 자리에 도전하려 바벨탑을 세웠던 것처럼 말이다.

　삼위일체 하나님의 존재 형식인 (신적인) '~안에'는 반드시 물리적인 태초의 공간만을 의미하지는 않는다. 삼위의 공간은 언제나 인격적이며 사랑의 사귐이 일어나는 연합의 장이 된다. 우리는 하나님의 공간 안에서 서로 엮여 있음을 알 수 있다. 따라서 공간을 갖는 모든 존재는 관계적인

6　R. Venter, "Space, Trinity and City: A Theological Exploration," *Acta Theologica* 1(2006), 207.

존재이며, 사귐의 존재일 수밖에 없다. 그렇기에 분열과 단절로 나아가는 세속의 공간을 벗어나서 그것을 화해와 연결, 만남과 사랑을 위한 장으로 변화시켜야 할 책임이 그리스도인들에게 있다.

사랑의 관계로서의 하나님의 공간성은 그분의 '편재'(omipresence)에서도 잘 드러난다. 공간을 창조하고 동시에 모든 공간에 거주하시는 하나님의 편재는 하나님의 속성이자 사역이다. 피조세계 안에서 그분의 내주는 그분의 전적인 사랑으로부터 출발한다.[7] **하나님의 편재성은 그분의 사랑에 의한 결과이기 때문에 만약 모든 공간 안에 사랑이 부재하다면 그것은 신적인 활동과 존재의 부재로 인식될 수 있다.**[8] 하나님은 모든 공간에 존재하실 뿐 아니라, 모든 공간을 사랑으로 채우신다. 하나님의 공간은 하나님의 사랑과 그분의 사랑의 실천으로 가득 찬 공간이다. 다시 말해 하나님의 거하심이 곧 사랑이다.

T. F. 토랜스는 삼위일체의 페리코레시스 개념, 즉 상호 내주가 '공간' 또는 '방'을 의미하는 그리스어 '코라'(chora) 혹은 '공간을 만들다'를 의미하는 코레인(chorein)에서 유래했다고 설명한다.[9] 하나님은 하나님 자신을 통해 존재하고, 그분은 모든 피조물을 향하여 존재하며, 그분의 신적인 공간 안에서 모두와 관계를 맺는 것을 기뻐하신다. 존 지지울라스(John

---

7   위의 책, 43.

8   R. Venter, "Space, Trinity and City: A Theological Exploration," 208.

9   김학봉, "그리스도 중심적 신학과 과학 신학의 추구: 토마스 토렌스", 김동규 외, 『우리 시대의 그리스도교 사상가들 2』(서울: 도서출판100, 2022), 290.

Zizioulas)도 삼위일체 하나님을 설명하면서 상호거주의 개념으로 신적 장소성을 언급한다. 그가 설명하는 사회적 삼위일체는 아버지와 아들과 성령의 '상호거주'(mutual indwelling, Einwohnung)이며 그는 이 거주를 통해 나타난 영원한 사랑의 사귐을 '순환'(Perichorese)이라고 표현했다.[10] 상호거주는 단독자로 홀로 거주하는 것이 아니라 함께 머무는 것 곧 공간의 신적인 행위를 따르는 것이다.

삼위일체 하나님은 사랑의 상호 관계 안에서 존재하시기 때문에 그분의 사역도 사랑의 관계 안에서 이해할 수 있다. 하나님은 세계를 사랑하시며 세계 안에 거하시고 반대로 세계도 하나님 안에 머물러 있다. 하나님 나라 안에 있는 하늘과 땅은 하나님의 사랑에 의해 계속해서 침투되고 있다.[11] 삼위일체의 상호거주, 즉 아버지와 아들의 상호거주는 예수와 제자들의 상호거주를 반영하며, 제자들이 예수 안에서 서로 연결되어 있듯이 서로의 사랑 안에 하나로 묶여 있음을 보여주는 모델이다. 세계가 하나님의 공간 안에 머물고 있으며 하나님의 영광이 깃들어 있는 장소라는 생각은 기독교 전통 중 일반 은총의 영역에서 다뤄져 왔던 주제다. 티모시 고린지(Timothy Gorringe)는 칼뱅의 논의를 따라 이 세상을 하나님의 섭리로 운영되는 극장으로 서술하면서 하나님 영광의 장으로서의 세계는 모든 장소의 본래 목적이 삼위일체 하나님의 공간의 거룩함과 사랑의

---

10   존 지지울라스, 이세형·정성애 역, 『친교로서의 존재』(서울: 삼원서원, 2012).
11   위르겐 몰트만, 『창조 안에 계신 하나님』(서울: 대한기독교서회, 2017), 36-37.

충만함을 표현하기 위해서라고 말한다.[12]

도시 사회학자인 도린 매시(Doreen B. Massey) 역시 현실 세계의 물리적 공간을 상호적인 특성으로 이해했다. 그녀는 공간을 상호 관계의 산물로 규정하면서 고정된 어떤 형태를 취한 것으로 바라보지 않고 사귐의 연속으로 끊임없이 변화되고 발전되는 것이라고 생각했다. 공간은 장소의 물질성과 다르게 정치적 역학과 주체들의 지위와 행위에 따라 고정된 것이 아니라 끊임없이 재구성되고 재탄생된다.[13] 하지만 세속 도시는 공간에 자본에 의한 가치를 부여하고 그 소유자에게 독점적 지위를 인정하는 고립된 전략을 취했다. 나만의 공간, 특별한 공간을 추구하면서 공간을 단절시키고 자꾸 분열을 일으킨다. 공간의 가치를 돈으로 환산하면서 소수가 독점하도록 유도했다. 분리됨으로써 자신의 가치를 높이려 했지만, 관계의 단절이 곧 죽음이라는 사실은 깨닫지 못했다. 공간의 개별적 고유성을 강조하면서 차별화하려는 태도는 공간의 신성한 관계성과 생명의 충만함을 저해할 수밖에 없다. 바로 이런 부분에서 삼위일체 하나님의 공간적 특성을 회복하려는 신학 작업이 필요하다.

---

12   Timothy Gorringe, *God's Theatre: A Theology of Providence* (SCM Press, 2012).
13   도린 메시, 박경환·이영민·이용균 역, 『공간을 위하여』(서울: 심산, 2016), 35-36.

도시를 어떻게 충만케 할 것인가?

'하나님의 집'으로서의 세상

하나님의 상호 내주의 관계적 모델은 모든 존재의 공간적 관계를 설명할수 있다. 하나님은 공간의 기원으로서 공간을 창조하실 뿐 아니라, 그 공간 안에 머물러 계신다. 하나님이 공간 안에 갇힌 것이 아니라, 하나님의신성이 공간을 통해 표현되는 것이다. 시편 저자가 고백한 것처럼 "하늘은 하나님의 영광의 장소요, 하나님의 주거지다." 하나님은 하늘에서부터땅 위까지 활동하신다. 하늘은 하나님의 가장 가까운 영역이다. 이러한접근은 유한성 속에 있는 하늘과 땅이 무한자의 거주 공간이 될 수 있는가능성을 열어놓는다.

공간 창조의 신적인 비밀은 쉐키나(Schechina, 신적인 임재)에 감추어져있다. 쉐키나의 목적은 모든 창조를 하나님의 집으로 만드는 것이다. 창조주 하나님의 신적 현존과 머묾은 모든 관계의 평화로운 상태의 토대가된다. 공간 안의 모든 존재는 하나님과 함께, 하나님을 통해 함께 화해하고 평화를 이루며 공생할 수 있는 관계로 살게 된다. 쉐키나는 곧 인간을향한 하나님의 자기 낮추심과 그들 가운데 거하심으로써 하나님 안에서일어나는 생명의 나눔이다.

하나님의 신적 거주는 오이쿠메네(oikumene) 개념으로도 설명할 수있다. 모든 거주의 공간은 궁극적으로 장소로서의 하나님의 거처를 모방한다. '하나님의 집'의 이미지는 그분 안에 거하는 모든 피조세계를 돌보시고 살피시는 관계적 거주의 공간을 잘 보여준다. 집은 구성원에게 소속감, 안정감, 친밀함을 제공한다. 서로 함께 먹고 마시고 살면서 생명을 주고받는 신성한 경험을 가능하게 한다. 자아의 이기성을 내려놓고 공동체를 위해 이타적인 삶을 살아가게 한다. 모든 구성원은 하나님의 집을 통해 생명을 보존하며 타자의 생명에 함께 깊이 참여한다. 더 나아가 이 땅을 하나님의 집으로 세워가면서 생명의 공동체로서 깊은 연대와 공통의 번영을 향해 나아가게 한다. 이처럼 '하나님의 집'은 세상을 살리시는 하나님의 거주하심을 잘 보여주는 메타포다.[14]

> 하늘에는 물론 땅 위에도 있는 하나님의 세계는 선을 향한 그의 의지의 대상이요, 자유에 대한 그의 사랑의 대상이며, 종합적으로 그 자신의 선하심과 사랑에 대한 자유로운 응답을 바라는 그의 희망의 성취다.…하나님이 사랑이라면 그는 자기 자신으로부터 밖으로 넘쳐날 뿐만 아니라 사랑을 기다리기도 하고 또 사랑을 필요로 한다. 이 세계는 그의 고향이어야 한다. 그는 이 속에서 살고자 한다.[15]

하나님은 인간들 가운데서 인간의 형상으로 거하심으로써 인간의 운명에 참여하고, 그의 백성의 운명을 자기 자신의 것으로 만드신다. 공간을

---

14   Miroslav Volf, Ryan McAnnallly-Linz, *The Home of God* (Grand Rapids: Brazos Press, 2022), 14-15.
15   위르겐 몰트만, 김균진 역, 『삼위일체와 하나님의 나라』(서울: 대한기독교서회, 2017), 125.

도시를 어떻게 충만케 할 것인가?

하나님의 거주지로서 이해하게 되면 현대 사회에서 정치 경제적인 이유로 공간을 소유하거나 점유하면서 마치 스스로 공간의 주인인 것처럼 행동하려는 모순을 내려놓게 된다. 우리는 세속 도시에서 공간이 갖는 본질적인 속성, 즉 초월적이고 관계적이며 생명 지향적인 신성한 차원을 다시 발견하면서 왜곡된 현대 도시의 죄악상을 다시 확인하게 된다.

하나님의 집은 모든 존재들의 집이다. 그 집은 거주하는 모든 이들의 기쁨과 즐거움이 충만한 공간이다. 동시에 어떠한 배제와 소외를 허락하지 않는 공존의 장소다.[16] 하나님의 거주지 또는 집으로서의 신성한 공간(divine space)은 거주자들의 사고와 행동을 형성한다. 단순히 거주의 영역을 제공하는 것이 아니라, 영적인 부분과 실재적인 부분에서 생활과 관계의 중심으로서의 신학적 토대를 제공한다. 오늘날 세속 도시가 갖는 공간의 상실은 개체의 정체성 상실과 관계성의 소멸과 같은 탈공간적 삶으로 이어져 존재의 불안감과 소외감을 일으킨다. 하지만 창조주의 신적 공간성의 재발견은 우리로 하여금 공간에 관한 세속의 욕망을 내려놓고 모든 존재의 집으로서 갖는 공통성을 발견하게 할 것이다. 그리고 공간이 주는 생명의 충만함을 하나님의 집 안에 거하는 모든 피조물과 공유하고 나누게 할 것이다.

---

16   Miroslav Volf, Ryan McAnnally-Linz, *The Home of God*, 209.

피조물의 공간인 하나님의 세계

하나님은 모든 공간 안에 거주하시는 동시에 모든 피조물이 자신의 세계 안에 머물도록 허용하신다. 하나님은 공간을 내어줌으로써 공간을 충만 하게 하신다. 공간의 내어줌은 신적 환대이자 자기 헌신이다. 하나님은 세계에 자신의 영역을 제한함으로써 피조물들의 자리를 마련하셨다. 반 대로 세속의 도시는 자신의 공간을 내어주지 않는다. 공통의 공간, 공공 의 공간마저 자본과 권력으로 소유하려고 한다. 공간을 소유하는 것이 죄 는 아니지만 공간을 분리시켜 자신만의 영역으로 가두려는 세속의 흐름 은 신적 공간성과 반대되는 것이 분명하다.

초기 교회 교부인 오리게네스는 스토아 사상의 영향에 따라 몸(body) 을 갖는다는 것이 자기 자신을 위한 공간을 취하는 것이라고 여겼다. 즉 어떤 존재적 행위가 가능한 형태의 장소와 공간을 취하는 것으로 생각 했다. 하나님의 창조로 피조된 모든 존재는 저마다의 공간을 가지며 그 안에서 어떤 행위와 관계 맺음을 시도하면서 자유로운 행위자로서 존재 한다. T. F. 토랜스는 오리게네스를 인용하면서 장소가 가지는 존재의 관 계적 개념을 강조했다. 이것은 창조세계를 향한 하나님의 호모우시온 (homoousion)으로서 모든 창조된 존재들과 함께하는 하나님의 본성이기 도 하다. 피조세계는 자신이 거주할 공간을 창조할 수 없으며, 창조주의 은혜를 통해 주어진 정주적 환경 안에서만 거주할 수 있다. 삼위의 하나 님은 서로를 위한 거주 공간을 마련하신다. 상호 내주 또는 상호 침투는

도시를 어떻게 충만케 할 것인가?

타자의 동의가 없는 일방적인 행위가 아니며, 사랑의 관계 안에서 자신이 미리 공간을 내어줌으로써 타자가 자신 안에 머물 수 있도록 공간을 창조한 행위다.[17]

　　신적 사역으로서의 공간성을 가장 잘 확인할 수 있는 것은 성육신 사건이다. 우리는 성육신하신 예수를 통해 역사의 한 시간과 장소의 한복판으로 찾아오신 하나님의 공간적인 사역을 이해할 수 있다. 또한 인간이 하나님을 만날 수 있는 영역으로서, 시공간이 선택된 것이기도 하다. 성육신하신 예수는 인간과 공유하는 몸을 통해 인간과 관계를 맺으면서 동시에 신적인 본성을 유지하신다. **성육신의 시공간적 사건은 인간으로 하여금 하나님을 경험하게 하고 피조물로서 신성적 삶의 가능성을 열어놓는다. 다시 말해 장소적 존재로 살아가면서 동시에 장소를 초월할 수 있는 가능성을 열어둔 것이다.**

　　하나님은 피조세계를 인간을 위한 집(말씀이신 그분 자신의 존재와 본성에 의해 만들어진 집)으로 창조하셨는데, 그것은 인간이 땅 위에 하나님을 위한 집(그분의 말씀을 위한 집)을 만들게 하기 위함이었다. 하나님이 거하시는 장소로서의 세계는 성령에 의해 세상에 존재하는 하나님의 거처, 즉 모든 창조물을 위한 하나님의 성소로 간주할 수 있다.[18]

17　　T. F. Torrance, *Space, Time and Incarnation* (London: Oxford University Press, 1969), 16.

18　　다니엘라 어거스틴, 김광남 역, 『성령은 어떻게 공동선을 증진하는가?』(서울: 새물결 플러스, 2022), 64.

창세기 1장에서 하나님은 거룩한 삼위일체적 자아 속에서 타자의 가능성과 번영을 위해 문을 여시며, 그들을 위한 집을 세우신다. 우주의 목적론 안에서 하나님은 자신 안에 인간을 위한 집을 창조하심으로써, 인간이 자기 안에서 하나님을 환영하고 자신의 존재를 하나님의 현존을 위한 집으로 제시하면서 삼위일체의 공동체적 삶을 형상화하는 것을 배우게 하신다.[19] 창조 기사는 하나님께서 생물들이 삶을 살아가기 이전에 생의 공간들을 마련하셨다는 것을 잘 보여준다. 생의 공간들은 다양한 생물들의 내적, 외적인 특징을 모두 포함하는 범위와 활동의 영역이다.[20] 하나님의 공간에서 모든 존재는 자유로움을 경험하며 자아를 충분히 발전시킬 뿐 아니라 다른 존재들과 삶을 유지하는 에너지를 교환함으로써 함께 나누는 삶의 사귐 속에서 자기를 형성해나간다.[21] 마치 삼위의 하나님이 그분의 관계적 공간 안에서 사랑의 사귐을 나누듯 말이다.

더 나아가 삼위일체 하나님은 그분의 창조물에게 쉼 없이 생명의 영을 불어넣으신다. 존재하는 모든 것은 계속해서 우주적인 영의 에너지와 가능성을 받음으로써 존재한다. 영의 에너지와 가능성을 통해 창조자 자신이 그분의 창조 안에 현존하신다. 그분은 창조에 대해 단순히 초월적으로 대칭하여 있는 것이 아니라 그 안으로 들어가며 그 안에 내재하신다.[22]

---

19   위의 책, 84.
20   위르겐 몰트만, 김균진 역, 『생명의 영』(서울: 대한기독교서회, 1992), 367.
21   위의 책, 368.
22   위르겐 몰트만, 『창조 안에 계신 하나님』, 26.

도시를 어떻게 충만케 할 것인가?

이 땅 안에서 '하나님의 거하심'은 성령론의 관심이기도 하다. 성령이 "우리의 마음속에"(롬 5:3) 그리고 "모든 육체 위에"(욜 2:28-31) 부어짐으로써 종말론적인 새 창조가 시작되며 이 창조는 "하나님께서 모든 것 안에 모든 것이" 되실 때 완성될 것이다. 창조가 완성될 때 하나님은 그 안에서 거하실 것이며, 거꾸로 그것은 하나님으로부터 살게 될 것이다.[23] 칼뱅은 창조 안에 있는 하나님의 영의 내재에 대한 표상을 신적인 우주, 단 하나의 세계, 몸 안에 있는 세계, 영의 거함으로 발전시켰다. 하나님의 영은 세계 속으로 활동하여 들어오시며 세계의 관련성을 창조한다. 창조 안에 있는 신적인 영의 임재는 신학적으로 더 구분하여 그의 우주적 거하심과 그의 화해하는 거하심과 그의 구원하는 거하심으로 나뉘어야 할 것이다.[24]

창조된 세계는 신적인 존재의 절대 공간 속에 존재하는 것이 아니라 창조의 결의를 통해 그를 위해 비워진 하나님의 공간 속에 존재한다. 세계는 자기 자신 속에 존재하지 않고 하나님의 세계 곧 현존의 비워진 공간 속에 존재한다.[25] 종말에 완성될 새로운 예루살렘 역시 모든 존재의 거주지로서 하나님의 영광과 거룩함으로 가득 찬 공간이자, 모든 피조물이 공생, 공존하는 장이다.

---

23   위르겐 몰트만, 『삼위일체와 하나님 나라』, 139.
24   위르겐 몰트만, 『창조 안에 계신 하나님』, 30.
25   위의 책, 235.

즉 모든 공간의 기원이자 생의 장소로서 삼위일체 하나님을 살피는 작업은 이 땅에서 탈장소적 또는 비장소적 존재로 살아가는 존재들에 대한 반성이자 신학의 '공간적 전회'(spatial turn)를 제안하는 일이다. 우리는 이 세상을 하나님의 집이자 삼위 하나님이 거하시는 공간으로 설명하고 그의 피조물이 하나님의 공간 안에 있음을 확인함으로써 공간을 잃어버린 채 살아가는 수많은 존재와 비존재들에 대한 하나님의 자기 내어줌의 사랑을 재확인할 수 있다.

십자가, 타자를 향한 포용의 공간

하나님은 모든 공간 안에 현존하신다. 창조세계 안에 하나님이 부재하시는 공간은 존재하지 않는다. 하나님은 스스로 자신을 계시하실 뿐 아니라 자신 안에서 모든 피조물과 화해하신다. 피조세계에 현존하는 하나님은 예수 그리스도의 사역을 통해 구체화된다. 우리는 그리스도의 사역을 통해 하나님의 공간성과 구원의 장소적 의의를 깨닫게 된다. 예수의 성육신은 신적이면서도 공간적(피조적)이다. 우리가 세속의 공간에서 신성한 충만함에 이르기 위해서는 그리스도의 사역이 갖는 장소성에 주목해야 한다. 그분은 특정한 장소에 거하셨을 뿐 아니라, 십자가, 성만찬, 부활로 이어지는 삼위일체의 공간적 의의를 삶을 통해 펼쳐가셨다.

T. F. 토랜스는 *Space, Time and Incarnation*에서 성육신의 시공간적

의의를 제안한다. 그는 서구의 철학 전통이 무한한 공간을 물질세계로부터 분리된 이원론적인 관점으로 해석한 것을 비판하면서, 신적인 공간 또는 신성한 공간을 현실적이지 않게 인식한다고 지적했다. 하지만 근대 과학의 발전 이후로 칸트식의 절대적(신적) 공간에 대한 환상이 제거되었고 사람들은 절대적(신적) 공간 역시 물질세계와 깊은 관계성이 있음을 긍정하기 시작한다.[26]

그리스도의 사역을 비공간적(non-spatial) 또는 초공간적이라고 생각하는 것은 적절치 않다. 십자가는 그리스도 사역의 공간적 의의로서 세상의 한복판에서 펼치신 하나님의 특별한 공간적인 사랑이다. 미로슬라브 볼프와 라이언 매커널리린츠는 그리스도의 십자가 죽음이 세상 안에서 하나님의 집을 창조하기 위한 전제 조건이라고 말한다. 십자가는 그분의 영원한 집안에 머물러야 하는 인간 존재들의 근본적인 죄의 문제를 해결하기 위한 과정이었으며, 모두를 용서하시고 포용하시는 하나님의 사랑의 공간을 만드는 행위였다.[27]

더 나아가 미로슬라브 볼프는 십자가의 사건을 하나님의 포용적 공간 행위로 해석한다. 그것은 사랑의 공간, 치유의 공간, 만물과 하나되는 공간을 마련하신 하나님의 공간적 행위다. 볼프는 『배제와 포용』에서 십자가에서 팔 벌린 예수의 행위를 네 단계에 걸친 하나님의 포용적 행위로

---

26   T. F. Torrance, *Space, Time and Incarnation*, 57-58.
27   Miroslav Volf, Ryan McAnnally-Linz, *The Home of God*, 114.

설명한다. 이는 바로 팔 벌리기, 기다리기, 팔 모으기, 다시 팔 벌리기다. 팔 벌리기는 타자에게 손을 내미는 몸짓을 통해 자신 안에 타자가 들어올 공간을 이미 만들어놓고 타자에 의해 만들어진 공간으로 들어가기 위해 나 자신의 밖으로 나왔음을 알리는 신호다.[28] 서로를 포용하라는 부르심에 순종하면서 우리는 세상 속에서 포용적인 삶을 살게 된다. 십자가에 달리신 하나님의 두 팔에 끌어안긴 우리는 원수를 향해서도, 우리 안에 그들을 위한 공간을 마련하고 그들을 초대하기 위해 팔을 벌린다. 그렇게 함으로써 우리도 삼위일체 하나님의 영원한 포옹 안에서 더불어 기뻐할 수 있다.

십자가의 공간적 의의는 타자가 적으로 남아 있도록 내버려 두지 않으며 자신 안에 가해자가 들어올 수 있는 공간을 마련하겠다는 뜻이다. 십자가는 인간으로 하여금 그리스도와 함께 언제나 포용적 삶을 살도록 안내한다. 십자가에 달리신 이는 언제나 두 팔을 벌리고 계신다. 그리고 자신 안에 공간을 마련하고 원수에게 들어오라고 손짓하신다.[29] 두 팔을 벌리신 분은 원수를 용서하고 자신 안에 그들을 위한 공간을 만드신다. 십자가의 수난은 자신을 내어주는 사랑으로써 인류를 받아들이기 위해 공간을 만드신 그리스도의 공간적 사건이다. 하나님은 십자가를 통해 자신 안에서 인류를 위한 공간을 마련하심으로써 언약을 갱신하신다. 하나

---

28   미로슬라브 볼프, 박세혁 역, 『배제와 포용』(서울: IVP, 2021), 224.
29   위의 책, 199.

도시를 어떻게 충만케 할 것인가?

님이 자신 안에 공간을 마련하셨다는 것은 어떤 사회적 언약의 함의를 지닐까? 언약을 갱신한다는 것은 타자의 정체성 변화에 주의를 기울이면서 변화하는 타자를 위해 자아 안에 공간을 마련하고 타자의 유동적 정체성과 서로 영향을 주고받으며 자신의 정체성을 기꺼이 재협상한다는 뜻이다.[30]

　이처럼 그리스도의 공간적 사역으로서의 십자가는 화해와 포용의 공간적 상징이자 실천으로 해석될 수 있다. 자신을 내어주시는 삼위일체 하나님의 공간적 사역으로서의 십자가는 모든 피조물의 관계성을 회복하는 동시에 구원의 은혜와 감격 속에 우리를 존재하게 한다. 세속 도시에서 십자가의 공간적 의의를 실천하는 것은 두 팔 벌려 타자를 용납하는 행위이자 한 몸으로 하나 되어 공존하려는 자세다.

성만찬, 화해와 일치의 공간

예수 그리스도의 공간적 사역을 또 확인할 수 있는 자리는 바로 성만찬이다. 성만찬은 하나님이 우리를 위해 공간을 만드시고 우리를 그곳으로 초대하여 들이신 예전의 사건이자, 특정한 시공간 안에서 진행되는 초월적이며 정치적 사건이다. 우리는 그리스도의 이름으로 함께 모여 떡을 뗴

30　위의 책, 243-44.

고 잔을 마시며 우리를 위해 찢기신 신성한 몸을 경험하면서 그분을 통해 함께 연대한다. 동시에 성만찬에 참여하면서 하나님의 사랑과 환대의 구체성을 경험하며 우리 안에 다른 이들을 위한 환대와 용서의 공간을 마련할 책무를 갖게 된다.[31] **환대는 언제나 공간을 구성한다. 물리적인 공간을 마련할 뿐만 아니라, 특정한 가치와 의미들을 포괄한 새로운 정치 사회적인 장소를 낳는다.**[32] 또한 타자를 위해 공간을 마련하는 행위는 자신을 내어주는 사랑의 행위이자 공동의 번영과 안녕을 위한 공적인 참여이기도 하다.

성만찬의 공간은 개방적이면서도 모두를 포용하는 열린 신적 환대의 자리를 가장 구체화하여 보여준다. 성만찬은 나를 구속하기 위해 죽으신 그리스도를 기념하면서 서로 용서하고 화해하는 변화와 변혁의 자리인 동시에 수많은 이름 없는 타자들과 그리스도의 몸으로 연합하는 자리다.[33] 그리스도의 제자로 살아가는 이들은 예수의 성만찬을 기념하면서 모든 타자들을 품는 화해와 친교를 위한 공간을 재생산할 필요가 있다. 이러한 공간 실천은 세속의 이기적 공간과 지배 이데올로기에 저항하면서 새로운 공간을 탄생시키는 작업이기도 하다.

윌리엄 캐버너(William Cavanaugh)는 성만찬 자리를 하나의 '공간 이

---

31   미로슬라브 볼프, 『배제와 포용』 204.

32   Christine D. Pohl, *Making Room: Recovering Hospitality as a Christian Tradition* (Grand Rapids: Eerdmans Publishing, 1999), 150-52.

33   김승환, 『도시를 어떻게 구원할 것인가』(서울: 새물결플러스, 2021), 210.

야기'(spatial story)로 해석하면서 물질성과 장소성에 관한 활동으로 연결시켰다. 즉 성만찬은 세속 공간의 한계, 세속의 정치적 한계를 극복할 수 있는 전혀 다른 종류의 정치 사회적 공간을 빚어낸다. 성만찬은 그리스도의 몸을 새롭게 형성하는 탁월한 '공간 이야기'다. 누가 식탁에 참여할 것인지, 식탁에서 무엇을 먹고 마실 것인지를 규정하고 해석함으로써 공간의 한계와 특징을 결정한다.[34] 근원적 정통주의(Radical Orthodoxy)를 따르는 자들은 성만찬 공동체를 하나의 대안 정치체로 이해한다. 세속화로 인한 사회적 원자화와 개인주의에 빠진 근대성에 대항하여 인간 사회의 공동체성을 확인하고 그리스도 안에서의 새로운 정치체로 해석한다. 그들에게 성만찬은 하나님 나라를 가장 구체적으로 경험하는 자리이자 예수의 삶을 기억하고 공동체의 일원으로 살아가기를 다짐하는 변혁적 장소가 된다.[35]

기독교 공동체는 역설적으로 특정한 장소를 점유하는 것이 아니라 성만찬을 통해 예수 그리스도의 장소가 됨으로써 진실한 교회의 정체성을 얻게 된다. 성만찬은 특수한 장소지만 동시에 보편적인 장소로서 창조된 모두를 포용하는 구원의 사건이자 타자를 사랑하는 장소를 구현함으로써 그리스도의 몸된 교회를 상징하는 것이다.[36] 특히, 성만찬이 그리

---

34   윌리엄 T. 캐버너, 손민석 역, 『신학, 정치를 다시 묻다』(서울: 비아, 2019), 152-53.
35   김승환, "급진 정통주의의 인간 이해와 성만찬 정치에 관한 연구", 「신학과 실천」 78(2022), 20-23.
36   Philip Sheldrake, *Spaces for the Sacred* (London: SCM press, 2001), 85.

스도의 몸을 이루는 교회의 보편성의 핵심이라고 할 때, 성만찬은 특정 장소의 한계/경계에 갇히지 않으면서도 특별히 행해지는 공간의 실천이 된다. 성만찬은 지역 교회에서 이웃과 낯선 사람을 구체적으로 마주하는 가운데 전 우주적인 규모의 이야기를 나눔으로써 실천된다. 참여자들은 성만찬을 통해 과거, 현재, 미래의 사람들과 연결되며 그렇게 됨으로써 초장소/탈장소화가 일어나고 동시에 공간의 신성성을 체험할 수 있다.

그리스도의 몸이 전하는 이야기를 실천하는 성만찬은 모든 공간적 장벽을 무너뜨리는 화해와 연대의 장을 구현한다. 세속적인 자본주의의 세계화는 같은 시공간에 사람들을 병치하지만, 우리는 성만찬의 공간에서 일정한 위치에 병치되는 것이 아니라 서로 동일시된다.[37] 성만찬은 서로의 차이를 넘어서는 신성한 연합과 일치의 초대 장소로서 진정한 보편성과 하나됨을 이루는 그리스도 사역의 장소적 실천이라 할 수 있다. 더나아가 성만찬은 예수를 기념하는 동시에 종말에 완성될 하나님 나라를 꿈꾸게 한다. 우리는 성만찬의 한복판에서 탈세속적인 이상적 공간을 향하도록 안내받는다. 과거와 미래를 연결하고 하늘과 땅, 물질적인 것과 영적인 것, 몸과 영혼을 연결하면서 영광스러운 하나님 나라를 소망하게한다. 성만찬 공동체는 하나님 나라의 완전성을 미리 맛보며 종말론적 시공간을 산다.[38] 또한 성만찬의 신성한 공간에 들어가는 것은 우리가 인간

---

37   윌리엄 T. 캐버너, 『신학, 정치를 다시 묻다』, 192.
38   William T. Cavanaugh, *Torture and Eucharist* (Blackwell Pub, 2007), 225-28.

도시를 어떻게 충만케 할 것인가?

존재의 근본적 변혁에 열려 있게 됨을 의미한다. 성만찬의 공간성은 개별적 자아나 생각이 비슷한 사람들의 안전한 모임에 중심을 두기보다는 타자들을 위한 공간들이 됨으로써 드러난다.[39] **그것은 공간으로서의 존재됨과 공동체의 공간 됨으로 확장되는 것이다.**

새로운 공간을 살아가는 부활의 존재들

T. F. 토랜스는 새로운 종말에 임할 하늘과 땅의 출발점을 예수 그리스도의 부활로 삼았다. 그는 기독교의 종말이 지나치게 그날이 '언제' 임할지에 관한 시간의 논의에 치우쳤다고 비판하면서, 종말에 임할 '하나님 나라의 공간성'을 주장한다. 하나님 나라는 그리스도의 오심 안에서 이루어지는 특별한 시간적·공간적인 사건이며 전(whole) 지구적이고 우주적인 구속의 사건이다.[40] 그리스도와 함께 죽고 함께 사는 그리스도인들은 그분과 함께 새로운 예루살렘의 시공간을 살아간다. 예수의 부활은 시간과 공간의 특정한 상황에서 발생한 것이며, 물질적이면서도 존재론적인 사건이다. 예수의 부활은 새로운 시대를 여는 우주적 부활(universal

---

39 필립 쉘드레이크, 김경은 역,『도시의 영성』(서울: IVP, 2018), 224.
40 Myk Habets, *Theology in Transposition: A Constructive Appraisal of T. F. Torrance*, (Fortress Press, 2013), 193-94.

resurrection)이며 새로운 하늘과 땅의 도래다. 요한계시록은 종말에 임한 하나님 나라를 도시적으로 묘사하였으며, 그것은 타락한 에덴동산의 회복이자 피조세계가 함께 머무는 장소에 관한 메타포라 할 수 있다.

기독교의 부활을 지칭하는 두 그리스어 *anistemi*와 *egeiro*는 어떤 장소의 이동을 의미한다. *anistemi*는 일반적으로 '자리에서 일어서다' 또는 '잠에서 깨어나다'라는 뜻이며, *egeiro*는 '(수동형으로) 병환 중에서 일어서다'를 의미한다.[41] **부활은 죽음의 상태에서 다시 살아 있는 생명의 상태로의 존재적인 변화를 지칭하는 듯 보이지만, 공간의 이동 또는 공간적인 변화를 수반하는 것이기도 하다. 그것은 곧 죽음의 장소에서 생명의 장소로, 연약함의 장소에서 강함의 장소로, 죄악의 자리에서 거룩한 자리로, 빈곤의 상태에서 충만한 장소로의 옮겨짐이다.** 그러므로 부활을 살아가는 그리스도인들은 새로운 충만한 장소에서 살아가는 존재들이라 할 수 있다. 부활은 공간과 시간을 폐기하거나 초월하기보다는 오히려 그것을 본래의 창조적 원형으로 치유하고 완성한다. 따라서 그리스도의 부활과 승천은 새로운 존재로의 변화이자 공간의 완성이다. 토랜스가 제안하는 그리스도 중심적인 장소 해석은 창조에서 구속으로 이어지는 생명이 충만한 공간을 통해 타락한 세속의 장소를 회복시키는 것이다.

이처럼 공간과 장소는 하나님의 피조된 영역이자 하나님의 창조와 구속 사역이 구체적으로 펼쳐지는 장이다. 도시 공간이 신성한 내러티브

---

41   T. F. Torrance, *Space, Time and Resurrection* (Edinburgh: T&T Clark, 1998), 31-32.

를 상실하고 욕망과 자본에 의해 점령됨에 따라 충만한 공간을 잃어버린 현대인은 토대가 없는 삶을 살아간다. 우리는 잃어버린 공간과 장소의 본래성을 회복하기 위해 공간의 창조주인 삼위일체 하나님의 관계성과 신성성을 확인하면서 모든 장소에서 충만한 삶을 살아가야 하지 않을까?

모든 피조세계의 삶의 자리로서의 '하나님의 집' 개념과 '그리스도 사역의 공간적 의의'는 생명력이 넘치는 충만한 공간을 제안한다. 하나님의 집으로서의 세계는 피조된 모든 존재에게 특정한 삶의 조건을 주는 충만한 장소다. 존재하는 모든 것은 특정한 공간을 점유하며 살아간다. 그 공간은 존재자 스스로 창조한 것이 아니며 삼위일체 하나님의 사랑의 내어주심의 결과다. 거주할 공간을 상실한 존재는 내적 파괴를 피할 수 없으며, 거주지가 있을 때 자신의 고유한 본질을 찾을 수 있다. 거주한다는 것은 실존 이상의 의미를 지닐 뿐 아니라 안전과 인간적 삶 전체를 좌우할 수 있는 필수적 요소다. 즉 거주 공간은 하나의 성스러운 공간이자 관계적 공간이다.[42]

그리스도 사역의 장소적 의의를 고려할 때, 교회는 세속 도시 안에서 강력한 정치 사회적 현실로서 하나님의 환대와 은총의 특성을 드러내는 장소적 공동체가 되어야 한다. 하나님의 집은 화해의 실천으로서 친밀한 사랑의 공간을 창출하며 하나님의 사랑을 통해 새로운 정치 사회적 의미와 가치를 실현한다. 초기 교회에서 타자를 위한 환대의 방을 마련하는

---

42   김재철, "공간과 거주의 현상학", 「철학논총」 56집 (2009), 14-17.

것을 그리스도인의 정체성으로 간주한 것처럼,[43] 우리도 공간과 장소가 지니는 성스러운 가치와 내러티브를 의식하고 공간의 본질인 삼위일체 하나님의 신적 공간성을 인식해야 하지 않을까? 더 나아가 지금 살아가는 삶의 자리를 보다 나은 충만한 공간으로 재구성해야 하지 않을까?

앞서 언급한 것처럼 **하나님은 모든 피조세계를 자신의 공간 안으로 초청하여 화해하신다. 삼위일체 하나님의 공간은 화해의 공간이다. 그 공간은 충만한 공간이다. 그곳은 성부, 성자, 성령의 인격적 교제와 만남으로 이루어진 사랑의 장이다.** 단일성이 지배하는 공동체성이 아닌 다수성과 다양성을 인정하는 공동의 장이다. 삼위일체의 공간은 개체성과 공동체성(다양성)을 모두 존중할 뿐 아니라 더 나아가 서로의 관계 안에서 타자를 위한 공간을 내어주는 인격의 공동체를 형성하게 만든다.

---

43   Christine D. Pohl, *Making Room*, 150-53.

도시를 어떻게 충만케 할 것인가?

5장 ———————— 거룩한 장소의 정치학

1960년대 하비 콕스는 『세속 도시』에서 현대 사회의 종교성 변화를 관찰하면서 '신 없는 사회'(Godless society) 또는 '신으로부터 해방된 사회'의 도래를 전망했다. 신을 추방한 세속 사회에서는 인간이 주인이다. 세속 사회는 전통적인 종교를 버리고 이성과 자율성이라는 새로운 신념 체계를 도입했다. 그곳에서는 종교의 영역이었던 믿음 역시 하나의 지식 체계와 이데올로기로 전환된다. 이해 가능한 것만을 신뢰할 수 있는 사회, 아니 이성적으로 설명할 수 있는 것을 진리로 여기는 사회에서 설명되지 않은 것은 존재할 수 없기 때문이다. 거대한 이성의 체계를 구축한 세속의 시스템에서 왕좌에 앉아 있는 것 역시 인간이다. 도시화와 산업화는 세속화의 흐름 속에서 이성적 인간을 신적인 존재로 만들었다. 하나님이 에덴을 지으셨다면, 인간은 세속 도시를 건설했다. 하나님이 하늘과 땅을 자신의 거처로 삼았다면, 인간은 도시에서 스스로 왕 노릇한다. 인간이 다스리는 도시의 거주 장소(built environment)는 초월성과 관계성을 훼파하고 공간의 가치를 자본으로 대체시켰다. 이는 곧 공간의 죽음이다.

　오늘날 세속 도시는 인간의 모든 행위를 자신의 자율성이라는 틀 안에서 특징짓는다. 그러나 이로 인해 인간을 언제나 생명이 없고, 다른 것에서 자신의 생명을 얻으며, 진정한 창조를 통해 숨을 쉬고 그 피를 빨아먹는 뱀파이어가 되게 만든다. 도시는 죽어 있는 것들로 만들어졌고, 죽은 자를 위해 만들어졌기 때문에 죽어 있다. 도시 내에는 살아 있는 것이

없고, 외부에서 유입되어야 한다.[1]

하지만 세속화된 도시 공간은 자본과 권력의 각축장이 되어 도시의 성스러운 아우라를 파괴할 뿐 아니라 장소의 인위적인 동질화 또는 소외화를 불러일으켰다. 직선 반듯한 세련된 건물과 잘 닦인 도로는 이상적인 도시 공간을 연출하려는 인간의 욕망을 잘 드러낸다. 한없이 뻗은 수직과 수평은 무한을 갈망하는 도시의 열망이기도 하다. 도시 공간의 인간 중심적인 설계와 건설로 인해 인간은 유토피아의 세계를 꿈꾸게 되었으며, 종교적 권위와 상징을 대체하기 위해 세속의 성전들을 건축하기 시작했다. 더 나은 공간을 위한 개발이라는 미명하에 사람들은 땅으로부터 분리되었고 지역 공동체는 하나씩 붕괴되었다. 도시 공간의 자본적 환원으로 인해 장소는 땅의 본래적 가치를 상실하고 장소의 불평등을 야기하면서 공간의 양극화를 일으켰다.

공간의 전복적인 변화와 새로움을 위해서는 세속적이지 않은, 아니 세속을 넘어서는 탈세속(post-secular)의 관점이 필요하다. 도시 공간을 영적이고 초월적인 관점으로 해석하면서 공간의 영성과 초월성, 관계성을 강조하는 공간의 종교적 해석이 요청된다. 특히 도시 공간 속의 '거룩한 장소'(sacred spaces)를 재발견하면서 공동체의 공간으로 더불어 존재하는 공동의 공간을 구축해야 한다. 도시의 거룩한 공간은 단순한 종교적 공간으로 한정되지 않는다. 오히려 새로운 사회를 상상하며, 공동체의 단합

---

1   자크 엘륄, 황종대 역, 『머리 둘 곳 없던 예수』(대전: 대장간, 2013), 281.

을 이루고, 더 나은 가치와 비전에 헌신하도록 시민들을 독려하는 장을 포괄한다. **오늘날 종교성은 진정성을 포함한 충만함(fullness)을 원천으로 한다. 도시 공간의 충만함은 자본으로 평가받는 공간의 껍질을 벗겨내고 공간성 자체를 변혁시킨다.**

도시 신학(urban theology)은 도시 공간을 하나님의 관점으로 바라보면서 무너져가는 도시의 일상과 공간을 복원하고 회복하려는 신학이다. 세속의 욕망과 권력이 장악한 도시에서 도시 신학은 거룩한 공간을 추구하는 시도로서 도시의 공동 번영을 위한 화해와 연합을 이룰 수 있는 장을 제안한다. 특히 '교회'와 '집'은 거룩한 공간으로서 종교적 초월성과 사회적 관계성을 동시에 경험할 수 있는 독특한 장소다. 거룩한 공간은 나 홀로 깊은 명상에 빠져 내적인 신비감에 사로잡히는 공간이 아니라, 하나님 안에서 그리고 하나님을 통해 모두와 연결되는 생명의 충만함을 경험하는 장소다. 도시 안에서 거룩한 장소는 공동체의 소속감과 개인의 정체성을 형성시킬 뿐 아니라 그들만의 공간 실천으로 인간을 탈세속의 일상으로 이끌어 간다. 이번 장에서는 세속적 공간을 탈세속적인 관점으로 살피면서 거룩한 공간의 신학적 의의들을 다룰 것이다.

신을 추방한 세속 도시

17세기의 기독교 사상가인 세비야의 성 이시도르(St. Isidore of Seville)는 도시를 표기하는 방식을 두 가지로 구분했다. 하나는 물리적 도시 공간으로서 라틴어로 우릅스(*urbs*, 돌의 도시)인데, 이것은 도시의 장소적 의미를 더 많이 내포한다. 즉 이것은 도시의 형태를 지칭하는 표현으로서 건물, 거리, 경계와 같은 물리적 영역을 포함한다. 다른 하나는 도시 시민들의 삶의 영역인 키비타스(*civitas*, 사람들의 도시)로서 도시 거주자들이 만들어내는 문화적, 사회적 영역을 뜻한다. 한 장소에서 모여 살아가는 사람들이 만들어낸 도시의 유산들 말이다. 하지만 도시를 지칭하는 두 단어 우릅스와 키비타스는 서로 분리되어 독립적으로 존재할 수 없는데, 그 이유는 도시라는 장소적 공간에 관한 논의와 함께 그곳에서 살아가는 이들의 삶의 양식과 가치, 문화에 관한 공간적 논의가 병행되기 때문이다.[2] 물리적 공간과 비물리적 공간으로서 도시에 관한 논의는 도시의 몸과 마음에 관한 서술이기도 하다. 다른 말로 도시라는 장소가 있고 그 장소를 장소 되게 하는 공간적 특성이 자리한다고 볼 수 있다.

세속화를 거치면서 도시 공간은 수학적인 설계와 기획이 적용된 도구적 장소로 전락했다. 우릅스가 강조되는 분위기다. 도시 공간이 담고 있는 공동체의 내러티브(역사)는 사라지고, 장소는 효율성과 자본을 중심

---

2   필립 셸드레이크, 『도시의 영성』, 22.

도시를 어떻게 충만케 할 것인가?

으로 재편되었다. 공간의 대상화는 거주 환경을 경제 논리로 평가하면서 착취와 탐욕의 대상으로 만들었다. 세속 도시에서 시민들은 집(거주 공간)을 점유하고 그것을 투자 또는 부의 개념으로 간주하기 시작했다. 거주 공간으로서의 '집'(가정)의 상실은 현대인들이 안고 있는 심각한 문제이기도 하다. 인간의 공통 토대인 장소의 부재는 인간을 불안한 존재로 만들 뿐 아니라 불안정한 관계를 맺게 이끈다. 이러한 현실에서 도시의 진정한 공간의 의의를 회복시키려면 도시민의 삶과 거주 환경의 본래적 가치를 재발견하는 동시에, 장소가 갖는 공동체적, 관계적 측면을 고려할 필요가 있다. 앞서 언급한 공간의 창조자 되신 삼위일체의 공간성처럼 말이다.

찰스 테일러는 『근대의 사회적 상상』에서 세속화된 공간의 등장은 신성한 어떤 것의 종말이라고 주장한다. 즉 절대 가치였던 신이나 고귀한 시대에 통용되었던 어떤 사회적 준거들을 상실해버렸다. 초월성을 지향하는 공동체적 행위는 물론 공통의 정치적 권위를 상상할 수 없는 시대가 찾아온 것이다. 세속 사회는 신성한 것, 고귀한 것, 신비한 것에서 정치적 권위와 형식을 떼어놓기 시작했다.[3] 하지만 테일러는 공동으로 살아가는 토대였던 공유된 가치와 권위가 무너졌지만 종교성이 발현되는 새로운 장으로서 세속의 '공론장'을 주목한다. 테일러는 다수의 합리적 이성이 작동하는 세속의 공론장을 근현대의 초월적 공간으로 이해했다. 다시 말해 종교의 초월적 공간을 대체하는 합리적 공론장은 사회 구성원들이

---

3   찰스 테일러, 이상길 역, 『근대의 사회적 상상』(서울: 이음, 2011), 280.

서로의 생각을 교환하고 공통의 정신을 추구하는 신성한 곳이 되었다. 이러한 공론장에서 시민들은 이성과 정신의 만남을 통해 새로운 사회를 꿈꾸기도 하고 정치적 변화를 위한 구호를 생산해내기도 한다. 세속의 공론장은 공간의 초월적 행위와 주체성이 동시에 발현되는 곳이다.[4] 물론 전통적인 종교가 갖는 초월성과는 질적으로 차이가 있지만, 세속 사회는 설명될 수 없는 것을 거부하고 인간 이성의 공동체적 작동이 가능한 방식에 신성성을 부여하면서 공간에 다른 성격의 초월성을 덧입혔다. 이것은 신적 초월성이 아니라 인간적 초월성이다.

현대 도시에서 거룩한 공간은 '종교'에서 '세속'으로 이동 중이다. 종교의 신성한 의식은 국민의례나 국가 기념일의 예식, 정치적인 이벤트와 심지어 스포츠 행사에 이르기까지 시민들의 집단 행위로 전환되고 있다. 신과의 만남을 기념하는 초월적인 장소의 권위는 민족의 영웅들을 모셔 놓은 기념관이나 시민들이 군집하는 대중의 광장으로 이전되고 있다. 그리스와 로마식의 사원(양식)이 둘러싸고 있는 미국 워싱턴의 도시 중앙에는 이집트식 오벨리스크가 세속의 신성한 광장의 역할을 하고 있다. 그렇게 마치 신들에게 둘러싸인 듯한 거룩한 아우라를 연출하고 있다. 또한 정치와 종교를 분리시켰음에도 불구하고, 링컨 기념관은 '미국식 성경 이

4　찰스 테일러, 『근대의 사회적 상상』, 153. 물론 공론장이 시민들의 자발적인 참여와 합리적인 대화를 통해 건설적인 사회를 향한 공통의 비전과 합의를 만들어내는 장점이 있지만, 권력을 가진 소수가 공론장을 지배할 가능성이 높으며 사회적 소수자들의 의견이 자유롭게 수용되기에는 여전히 한계가 있는 것이 사실이다.

도시를 어떻게 충만케 할 것인가?

야기'로 장식되어 종교성을 고취시키면서도 로마(정치)와 이스라엘(종교)을 결합한 장소로 연출되고 있다. 파리는 고전적인 신전인 판테온을 프랑스 공화국의 전투적 승리를 상징하는 국립 묘지로 사용하면서 '신이 없는 새로운 가톨릭'으로서 민족의 정체성을 유지하는 성지로 만들었다. 런던의 국회 의사당은 기독교 양식과 고딕 양식을 결합했고, 웨스트민스터 대사원은 중세풍의 위엄을 드러내면서 '계몽화된 세속 정치'를 대변한다.[5]

이처럼 세속 국가는 신성한 권위를 이어받은 신성한 나라가 되어버렸다. 세속의 상상을 실제인 것처럼 보이기 위해 거룩함과 초월성을 직접 경험할 수 있는 종교가 아닌 종교적 장소를 만들어야 했다. 세속화가 가져온 이러한 도시 공간의 변화는 종교 공간의 '탈종교화'인 동시에 세속 공간의 '재종교화'인 셈이다. 인간 집단과 권력은 신을 대체한 새로운 신으로서 자신들의 성소 안에서 신성한 권위를 가진 제사장이다. 그들에게는 새로운 믿음과 신앙 생활이 필요하다. 국가(민족)의 정체성과 시민들의 의식을 관장하는 종교의 역할은 정치, 사회, 문화, 예술로 대체되면서 세속화된 거룩한 공간이 탄생한 것이다. 국가와 지역마다 간직하고 있는 탄생 신화는 창세기의 창조 이야기만큼이나 신성하다. 전쟁과 같은 국가적 위기 중에 등장한 지도자는 제2의 모세와 다윗의 후손이 된다. 대통령을 보좌하는 장관들은 예수의 열두 제자처럼 땅끝까지 이르러 복음(정치이념)을 전파하는 종이다.

---

5   데이비드 마틴, 김승호 외 역, 『현대 세속화 이론』(서울: 한울, 2005), 99-101.

물론 거룩한 공간이 모두 종교적인 것은 아니다. 종교만이 신성함과 성스러움을 보존한다는 생각은 오히려 세속화의 논리를 인정하는 것이다. 과거에 모든 것을 종교적으로 해석했던 시대와 같이 오늘날 세속 사회는 모든 것을 종교적이지 않은 것으로 해석하려 한다. 이 둘은 모두 세속의 이분법을 자기만의 방식으로 수용한 결과라 할 수 있다. 하지만 특정 종교의 유무와 상관없이 한 개인의 내적 감정과 의식을 넘어서서 다양한 공중(public)들이 공감하고 동의하는 성스러움은 다양하게 발생하고 공동체에 보존된다.[6]

중요한 것은 거룩한 장소가 미치는 영향력이다. 종교적인 공간이나 세속의 신성한 공간은 모두 특정한 의미의 발화 장소로서 사람들의 행위와 사고방식 그리고 그들의 관계와 생활의 리듬을 결정한다. 물리적인 공간은 현실의 사회적 구조를 결정할 뿐 아니라 인식과 감정에도 영향을 미쳐 사회적 삶에 강력한 메타포를 제공한다.[7] 우리는 신앙을 위해 순교를 각오했던 초기 교회의 모습을 현대판 세속 종교에서도 발견할 수 있다. 뒤르케임이 주장한 것처럼 거룩한 공간은 공동체에게 의미의 공간이자 사회적 기억과 정체성의 공간이 되고 더 나은 사회를 꿈꾸게 하는 상상의 장이 된다. 무엇을 해야 하는지 또는 하지 말아야 하는지(taboo)는 성스러

---

6   Jonathan Seglow, "The Value of as Sacred Places," *Journal of Law, Religion and State* 9 (2021), 50.

7   Philip Sheldrake, *Spaces for the Sacred* (London: SCM Press, 2001), 4.

도시를 어떻게 충만케 할 것인가?

운 장소와 그곳에서 행해지는 의례를 통해 결정된다.

    세속 도시는 탈가치화, 탈종교화를 통해 자신만의 신성한 영역을 추구하려 했으나 그 역시 종교를 모방한 것에 불과하다. 가짜 종교 또는 유사 종교로서 세속화된 도시 종교는 사회적이고 영적인 분야까지 확장되어 도시의 정신을 움직이고 있다. 중요한 것은 그러한 공간이 세속의 정치적 욕망을 담아내는 거룩한 공간이 아니라 시민들의 일상과 공동체적이고 관계적인 삶을 담아낼 수 있는 보편적인 공간이 되어야 한다는 점이다. 공간의 종교성은 그곳에서 행하는 행위에 따라 달라지는 것이 아니라 그 공간을 통해 경험되는 아우라와 내러티브의 영향을 더 크게 받기 때문이다.

종교의 복귀와 거룩한 공간들

도시는 영적이며 종교적인 공간이다. 또한 도시화는 하나의 종교적인 현상이다. 마을이 형성되고 사회 체계가 완성되는 과정에서 종교는 언제나 중심적인 역할을 해왔다. 장소적으로나 문화적으로 종교는 시민들의 중심이었다. 세속화로 인해 도시에서 종교가 사라진 듯 보이지만, 최근의 '종교적 전환'(religious turn)은 종교를 다시 공공의 영역으로 소환하고 있다. 종교는 사적인 영역에 머물지 않는다. 종교는 언제나 공적인 영역에 가시적으로 자리하면서 도시의 문화와 풍경, 공동체적 실천에 영향을 미쳐왔다. 근현대 도시 공간에서 배제되어왔던 영적이고 초월적인 장소들의 재발견은 세속 공간이 잃어버린 본래적 기능들을 복원하는 한편, 종교적인 공간과 거룩한 장소를 하나의 **'공간 자본'**(spatial capital)으로 새롭게 평가하는 작업이다. 거룩한 장소는 도시의 풍경을 다양하게 할 뿐 아니라 시민들로 하여금 가치지향적인 삶을 살게 하고, 공동체성을 증진하며, 더 나아가 공간의 초월적 경험을 선사한다.

오늘날 성스러운 공간은 그 의미만큼이나 다양한 형태를 지닌다. 성스러운 공간은 종교적인 장소일 뿐 아니라 가정(집)처럼 지극히 사적인 영역일 수 있으며, 광장과 같이 다수의 집단성이 표출되는 곳이 될 수도 있다. 각자가 느끼는 성스러움의 경험은 다를 수 있지만, 둘 사이를 구분 짓는 핵심에는 예배(예전)가 자리한다. '성'과 '속'을 의미하는 영어 단어는 sacred와 profane이다. '성'은 라틴어 *sacrum*을 어원으로 하는데, 로마 시대에는 신이나 신의 힘에 속해 있는 것을 의미했다. 신을 예배하는 장소나 신성한 능력이 나타나는 장소가 거룩한 장소가 된다. 반대로 '속'의 어원은 *profanum*인데 그것은 '성전 경내 앞'을 뜻하는 말로 경내(*fanum*)의 희생제물을 바치는 장소에서 거리를 둔 영역을 뜻한다. '속'은 제의에서 분리된 장소를 뜻하는데, 한 사회와 집단의 거룩한 의례가 집행되는 공간과 분리된 장소를 의미한다. 두 어원을 종합해보면 '성'과 '속'은 결국 제의 장소와 관련되어 있음을 알 수 있다.[8]

---

8   미르치아 엘리아데, 이은봉 역, 『성과 속』(서울: 한길사, 1998), 21.

다시 말해 인간이 무언가 성스러움을 경험하는 영역은 바로 제의적 장소, 예배의 영역이다. 성스러운 장소는 개인과 공동체에 경외감과 신비감을 일으키며 존재의 흔들림과 변화를 촉발시킨다. 거룩한 공간은 일상의 수많은 공간과 관계를 맺지만 상당한 차이점이 있다. 이 공간적 차이는 하나의 우주 영역에서 다른 우주 영역으로 이동하게 하는 출구가 된다. 이는 마치 야곱이 외삼촌 라반의 집으로 갈 때 벧엘에서 하나님을 경험했던 것과 유사하다. 성스러움이 무엇인지를 정의하는 것도 필요하지만, 왜 사람들이 그곳을 성스럽게 여기는지도 살펴야 한다. 성스러운 공간은 하나의 중심이다. 거주민과 마을, 도시의 중심축으로서 도시의 안녕과 번영, 개인의 축복과 구원을 염원하는 중심이다. 즉 인간 사회에서 성스러운 장소는 거주 장소의 중심, 질서와 문화의 중심, 삶의 양식과 공동체의 중심이 된다. **거룩한 장소가 분리되고 개인이 파편화된 삶을 살아가는 현대 도시에서 '중심'으로서의 거룩한 장소는 사이적 공간이자 만남의 장이다. 또한 자신의 삶을 성찰하고 세속의 욕망을 거룩한 욕망으로 옮길 수 있는 장이라 할 수 있다.**

우리는 세속 도시 안에서 성스러운 장소가 갖는 존재적 의의와 역할을 생각하면서 그것을 세속 도시의 한계를 보완할 수 있는 공간으로 발견할 필요가 있다. 인간은 성스러운 공간에서 살고자 하는 욕망이 있으며, 이곳을 중심으로 우주의 방향을 기술하고, 성스러운 도시를 건설하기 위한 건축학적 기술들을 발전시켜왔다. 성스러운 곳을 중심으로, 동서남북의 위치를 설정하며, 그 장소에 도달하는 것을 '올라감'과 '내려옴'으로 구

분했다. 이러한 상승과 하강은 지리적인 위치를 말하기도 하지만 신앙적
이며 초월적인 공간의 이동을 설명하는 것이기도 하다. 성스러운 곳에 징
표를 세우고 경계를 설정하며 특정한 세계의 질서를 수립하면서 자신들
만의 영역을 새롭게 창조함으로써 초월성과 공동체성을 구축한다. 이렇
게 인간 집단이 어떤 공간에 신성한 질서를 부여하는 것은 신들의 창조적
작업을 모방하는 것이라 할 수 있으며,[9] 신적인 것을 인간 존재의 기원으
로 삼으려는 시도로 볼 수 있다.

　장소에서 느끼는 거룩함의 의미에 관하여 루돌프 오토(Rudolf Otto)
는 종교적 초월성의 경험, 즉 종교적 감정, 성스러움의 감정을 '누멘적인
것'으로 설명한다. '누멘적인 것'을 명확하게 정의할 수는 없지만 몇 가지
특징을 살펴볼 수 있다. 누멘적인 것은 '피조물적 감정' 또는 '주관적인 감
정'이다. 성스러움의 본질로서 '누멘적인 것'은 종교 진화론적인 논의가
아닌 신성의 총체적 의미로서 서술되었다. '누미노제'(numinose)는 성스러
움의 본질로서 자아 속에 선험적으로 포함되어 있는 피조물의 감정 형태
이자, 초월적 실재에 대한 매혹감과 두려움의 절정을 이루는 감정이다.[10]
공간이 갖는 누멘적인 성질은 개인적인 차원의 경험에 머물지 않는다. 그
것은 어떤 공통의 종교적 경험이자 감정이다.

　프리드리히 슐라이에르마허(Friedrich Schleiermacher)도 의존성의 감정

9　　미르치아 엘리아데,『성과 속』, 61-63,
10　　한숭홍,『문화종교학』(서울: 장로회신학대학교 출판부, 1987), 177.

을 종교성의 출발로 인식했는데, 오토는 의존적인 감정들과 경건한 의존성의 감정에 차이를 둔다. 물론 이러한 작업은 명확하지 않은 하나의 유추에 불과할 수 있지만, 종교적 감정은 하나의 의존적인 자기 감정으로서 외부의 신적 존재를 간접적인 추리를 통해 접근하게 한다.[11] 거룩한 장소는 말할 수 없는 종교적 신비와 초월적 감정들을 경험하는 곳으로서 분명히 도시 공간 안에도 존재한다. 물론 비합리적이고 초이성적인 경험과 감정을 모두 누멘적인 것이라 말할 수 없지만, **오토는 전적인 타자 앞에서 느끼는 종교성의 깊은 차원에서 자리하고 있는 신비의 경험이 대다수 문명과 종교 안에 깃든 보편적인 것이라고 설명한다.** 다시 말해 인간이 거주하는 환경과 장소에는 반드시 신성한 충만의 장소가 존재하며, 거룩한 장소를 통해 사회적 재구성이 이루어져왔다는 것이다.

루돌프 오토가 성스러움의 특성을 감정으로 설명했다면, 미르체아 엘리아데(Mircea Eliade)는 성스러움을 인간 안에 가두지 않고 모든 피조물로 확대해나간다. 인간이 바탕으로 삼고 있는 세계 그 자체가 이미 성

---

11   슐라이에르마허의 종교 개념에서 중추적인 역할을 하는 것은 종교적 직관이다. 종교적 직관에 대해서 매킨토시는 '마음에 부딪히는 객체를 직접적으로 지각하는 것'이라고 했고, 벤트란트는 '우주의 직관은 모든 것을 영원자의 계시로 보는 것'이라고 했다. 타이스는 직관이라는 독일어 Anschauung를 어떤 영역의 Insight나 Intuition으로 생각하면 잘못인데, 단지 내적으로 보는 것이 아니라 가장 객관적인 인식으로 여겨야 한다고 말한다. 종교는 우주의 존재와 행위에 대한 직접적인 경험, 곧 개의 직관과 감정에서 성립한다. 직관은 심정에서 이루어지고 내적 우주를 통해서만이 외적 우주가 이해된다. 목창균, 『슐라이에르마허의 신학사상』(서울: 한국신학연구소, 1997), 64-73.

스러움의 표현이고 그 안에 '성'이 깃들어 있다. 엘리아데는 그것을 설명하기 위해 히에로파니(성현, hierophany)라는 용어를 도입한다. 엘리아데에 의하면 성스러운 공간은 성현과 관련되어 있다. 성스러운 공간은 어떤 성스러운 것의 여러 실재들의 현현이 나타난 장소를 지칭한다.[12]

성현들은 특정한 위치와 장소에 자리한다. 성현이 있는 공간은 성스러운 곳이 되며, 성현은 장소의 거룩함을 표현하는 하나의 징표로 남게 된다. 고대 사회의 인간은 성스러운 것 가운데서 혹은 성화(聖化)된 사물에 아주 가까이 접근하여 살고자 했다. 왜냐하면 원시인 및 모든 전근대적인 인간에게 성스러운 것은 힘이며, 궁극적으로 무엇보다도 실재 그 자체를 의미하기 때문이다.[13] 인간에게 의미를 부여하는 것은 신적인 존재, 성스러운 상징, 제의와 축제 같은 초월성의 영역에 있는 것들이다. 그러한 성스러움을 경험하고 동경하는 인간의 바람과 태도 곧 종교적 인간성이 세속 공간에서 의미를 확장하고 계승해나가게 한다. 성스러운 세계를 추구하는 인간의 삶은 공간과 시간 안에서 신성한 것을 재현하고 모방하며 공동체와 개인의 세계를 영속하게 한다.

신성함의 중심부를 둘러싼 삶의 장소는 의미, 방향, 세계관, 사회적 관계, 생활 양식을 형성한다. 즉 인간은 성스러움을 향한 갈망을 지닌 존재이며, 그러한 성스러움은 장소를 통해 경험되고 구체화된다고 할 수

---

12   미르치아 엘리아데, 『성과 속』, 61.
13   미르치아 엘리아데, 『성과 속』, 50.

있다. 하지만 세속 도시는 그러한 성스러움을 배제시켰을 뿐 아니라 해체 시켰다. 아니 세속의 성스러움을 탄생시켜 자신들의 '성현'을 만들고 자신들의 '누미노제'를 경험하게 했다. 거룩하고 신성한 것을 향한 인간의 갈망은 세속 도시에서도 계속해서 작동하고 있으며 다른 형태의 초월성과 종교성으로 대체되고 있다. 세속 도시에서 성스러운 공간이 주는 정치사회적, 문화 심리적 의미와 역할들을 고려할 때, 우리는 세속 도시가 잃어버린 거룩한 장소에 관한 논의를 시도할 필요가 있다.

거룩한 장소의 정치학

미국 뉴욕에는 그라운드 제로(Ground Zero)가 있다. 2001년 9.11 테러로 무너진 쌍둥이 빌딩 자리에 마련된 이 추모 공간에서는 해마다 최초의 충돌이 있었던 오전 8시 46분에 종이 울리며 추모식이 시작된다. 검은색 돌판에는 희생자들의 이름이 깨알같이 적혀 있다. 수많은 사람이 갑작스러운 참사로 목숨을 잃은 현장에서 사람들은 무엇을 생각하게 될까? 추모식 중간에 유가족들이 1시간 동안 사망자의 이름을 낭독한다. 그곳에는 인종, 성별, 언어, 정치적 견해의 차이가 존재하지 않는다. 호명된 이름을 듣다가 함께 울고 얼싸안을 뿐이다. 그라운드 제로에는 공동의 기억 속에 남은 상처와 아픔에 대한 공감이 자리한다. 이 장소가 간직한 슬픔은 슬픔을 넘어 새로운 사회를 향한 다짐으로 바뀌고 사람들은 이를 바탕으로 공동체의 비전으로 나아간다. 폭력에 대한 거부, 고난당한 자들과의 연대, 더 나은 세상을 향한 공동의 열망처럼 특정한 장소가 주는 충만한 울림은 무언의 메시지로 모두에게 전달된다.

이처럼 특별한 공간(built environment)은 사람들의 경험과 수많은 사건을 총체화하여 하나의 의식과 삶의 습관 그리고 문화를 형성한다. 에드워드 소자(Edward Soja)는 이를 '공간 자본'(spatial capital)이란 개념으로 설명했다. 공간 자본은 사회 자본의 일환으로서 도시 환경이 밀집된 곳에서 얻어지는, 공동체와 집단에 영향을 미치는 물리적, 비물리적 자극을 가하는 힘을 의미한다.[14] **공간 자본은 각각의 장소에서 개인의 정체성과 공동체성을 형성시킨다.** 특히 도시 안에서 거룩한 장소가 갖는 공간 자본은 세속 공간과는 다른 차원의 역할을 수행한다. **거룩한 공간은 그 공간만이 지니는 가치와 의미 체계를 형성할 뿐만 아니라 거주자들에게 지속적인 정치-사회적 메시지를 전달한다. 이 거룩한 장소의 정치성을 크게 세 가지로 정리할 수 있다. 바로 통합성(중심성), 가치 지향성(초월성), 안정성(지속성)이다.**

첫째, '통합성'은 거룩한 장소가 하나의 세계를 형성함으로써 거주자들에게 동일한 내러티브와 의식 체계를 공유하는 것을 뜻한다. 인류의 역사가 시작될 때부터 인류는 특정한 장소에서 모여 집단 생활을 했다. 장소가 갖는 독특성은 집단 생활에 질서를 부여하고 동일한 정체성을 유

---

14   외르크 되링·트리스탄 틸만, 이기숙 역, 『공간적 전회』(서울: 심산, 2015), 278.

지하게 하며, 비슷한 생각과 행동 양식을 이끄는 데 상당한 역할을 한다. 거룩한 장소는 공동체적 내러티브 구조로 되어 있으며 세대를 거듭하면서 그 생명력을 유지한다. 거룩한 장소는 집단적 기억을 형성한다. 도시 장소의 세속화는 공간의 탈가치화를 추구하지만 거룩한 장소는 공간을 재가치화하여 공동체적 유산과 정서를 보존한다. 이러한 장소의 역사성과 사회성은 서로 연결되고 혼합되어 독특한 문화를 형성한다. 더 나아가 거룩한 장소가 갖는 은유와 상징은 합리적으로 설명이 어렵지만, 직관과 감정을 토대로 하는 도시의 집단성에 작동한다.

거룩한 장소는 하나의 중심으로서 거주자들에게 고정점을 부여한다. 인간은 특정한 장소와 자신을 일치시키는 행위를 통해 존재의 뿌리와 마주하고 동시에 그곳을 중심으로 살아가는 이들과의 연대와 화합을 이룬다. 거룩한 장소를 통해 인간은 혼돈된 세계에서 자기만의 영역과 세계를 형성하여 그곳을 중심으로 하는 방향성을 얻으며, 더 확장된 세계로 점차 나아가면서 사회적 존재로서 삶을 획득하게 된다. 반대로 세속화된 장소는 장소의 독특성이 상실됨에 따라 고정점을 만들어내지 못한다. 이 경우에는 고정점이 더 이상 유일한 존재론적인 지위를 가지고 있지 않기 때문에 어떤 참된 방향성도 만들어내기가 불가능하다.[15]

대다수 문명에서 종교적인 장소는 세상의 중심으로 인식되어왔다. 이슬람인들은 가장 성스러운 신전 즉 카바 신전을 세계의 중심이자 중앙

---

15   미르치아 엘리아데,『성과 속』, 57.

이라 생각했고, 그곳이 가장 높은 지점이라고 가르친다. 카바 신전의 공간적 입지가 북극성과 일치되어 있어 지구상의 어떤 장소도 메카보다 하늘에 가까운 곳이 없다고 여겼다.[16] 이스라엘도 예루살렘 성전을 사실상 세계의 중심으로 설명한다. 그것은 하늘에 있는 신들의 집의 초상이다. 솔로몬의 성전은 하늘에 있는 건축설계도로 간주되었고 예루살렘은 하늘에 있는 예루살렘이 땅 위에 재현된 형상으로 생각되었다. 또한 초기 그리스도교의 교회당, 로마 민족의 돔, 고딕적인 대사원들도 파라다이스와 하늘에 있는 도시들로 묘사된다.[17] 이처럼 거룩한 장소는 거주자들에게 하나의 중심이 된다. 거룩한 장소는 세계의 중심(*axis mundi*)으로서 자신의 영역과 다른 영역을 구분하는 듯하지만 동시에 자신을 중심으로 모두를 통합하고 연대를 이룬다.

둘째, 거룩한 장소가 지닌 '가치 지향성'은 우리로 하여금 세속 도시에서 탈욕망적, 탈물질적, 초월적 삶을 지향하도록 안내한다. 자크 엘륄은 도시가 갖는 영적인 힘을 주목하면서 성서에 등장하는 강한 도시에서의 삶은 하나님에 대한 지속적인 반역이었다고 주장한다. 그러한 도시적 삶(urbanism)은 하나님을 향한 저항의 연속이었다. 인류학적으로도 전쟁은 대도시를 중심으로 발생했으며 전쟁과 다툼은 하나의 도시적 현상이

---

16   이-푸 투안, 윤영호·김미선 역, 『공간과 장소』(서울: 사이, 2020), 70.
17   위르겐 몰트만, 김균진 역, 『창조 안에 계신 하느님』(서울: 한국신학연구소, 1999), 217.

었다.[18] 즉 도시의 힘은 인간 욕망의 합으로서 자신의 목적을 신성화하여 자신의 영토를 확장하는 영원한 비전으로 삼는다. 세속 도시는 자신의 힘을 과시하며 높은 건물과 거대한 건축물로 스스로를 신성화한다. 세속 도시는 신성한 장소로부터 출발하는 가치의 연대와 화합을 배격할 뿐 아니라 스스로 그 어떤 거룩한 가치도 탄생시킬 수 없다. 따라서 거룩한 장소는 사회적 가치와 의미의 진원지로서 세속 도시가 상실한 초월적 가치를 회복시켜야 한다.

거룩한 장소는 종교적 상징을 통해 세속 사회에서 탈세속적 가치를 추구하게 하며 인간이 거룩하다고 경험하는 무언가를 의도적으로 드러낸다. 거룩한 장소는 신성한 것이나 거룩한 경험으로부터 기원하기 때문에 인간이 기획한 의미와는 별개의 초월적 성격을 지닌다. 기독교 전통에서 거룩한 장소는 궁극적으로 하나님과 관계되어 있다. 하나님은 피조세계의 모든 장소를 창조하셨을 뿐 아니라 삼위일체 하나님은 장소의 근원으로서 존재와 사역을 펼치신다. 하나님은 이스라엘이라는 특정한 장소를 통해 구원의 역사를 이뤄가실 뿐 아니라 성육신을 통해 하나님의 현현으로서 이 땅의 장소들을 거룩하게 하신다.[19] 신적 공간은 거룩한 장소의 기원으로서 모든 존재의 환경인 동시에 존재들의 정치 사회적 삶의 형식

---

18   자크 엘륄, 황종대 역, 『대도시의 성서적 의미』(대전: 대장간, 2013), 112-13.
19   Sigurd Bergmann, "Making Oneself at Home in Environment of Urban Amnesia: Religion and Theology in City Space," *IJPT 2* (2008), 72.

을 규정한다. 특히 칼 바르트(Karl Barth)가 제시하는 신적 공간성은 곧 삼위일체의 편재성과 관련되어 있다. 즉 신적 공간은 모든 곳에 거하시며 모든 생명을 주관하시는 하나님의 사랑의 사역이 펼쳐지는 장이 된다. 모든 공간의 기원인 삼위일체는 그분의 관계 안에서 공간성을 설명할 수 있다. 거룩한 장소는 하나님의 존재 방식과 거주의 속성을 닮아 있다. 거룩한 장소는 초월적 가치의 공간이며 공동체적 공간이다. 더 나아가 영적인 공간이며 의미의 공간이다. 그곳은 세속 공간이 잃어버린 가치와 의미들을 발생시킬 뿐 아니라 모든 장소에 깃든 신성함을 깨닫게 한다.

셋째, 거룩한 장소는 '안정성'을 갖고 있다. 거룩한 장소는 거주하는 이들에게 영원한 안식처가 된다. 그것은 마치 어머니의 품과 같다. 존재의 집이 되는 장소의 상실은 곧 존재의 토대 상실로서 방황하는 존재, 분리된 실존의 상실감을 경험하게 한다. 장소는 모든 존재가 거주하는 공간이고, 물리적이고 관계적인 유형의 영역이다. 또한 장소는 공동체의 역사적인 의미를 지니며, 세대를 거듭하면서 연결되는 정체성을 제공한다. 이러한 장소는 역사적인 동시에 정치적이다.[20] 특히 거룩한 장소는 거주자들의 삶과 정서에 구심점이 됨으로써 인식과 관계의 중추적인 역할을 한다. 더 나아가 거룩한 장소는 세속의 파편화된 삶을 살아가는 현대인들에게 자신의 기억과 안정성을 제공한다.

20세기 근대 건축가인 르 코르뷔지에(Le Corbusier)에게 집은 단순히

---

20   Philip Sheldrake, *Spaces for the Sacred*, 6-7.

거주하는 기계에 불과했다. 그것은 산업 사회에서 대량 생산되는 수많은 기계 중 하나에 지나지 않는다. 그는 장소의 초월성과 인격성을 제거하고 인간을 도구적 존재로 전락시켜 집을 공장과 같은 기계화된 구성품으로 이해하게 만들었다. 따라서 현대의 집은 무엇보다도 기능적이어야 하고 재산을 증식시킬 수 있는 물질적 가치를 수반해야 한다.[21] 특히 세속 도시에서 인공적인 도시 거주 공간을 가장 잘 보여주는 곳은 아파트다. 이는 완벽한 비율과 최적화된 설계와 기술 공법을 통해 인간의 행복 욕구를 극대화한 직선의 도시 거주 공간이다. 대량으로 생산된 네모반듯한 단지는 사람들의 삶을 획일화하고 도시 경관을 삭막하게 만드는 주범이다. 아파트 단지는 다양한 도시 공간을 일반화하여 특정인들을 위해 구획화함으로써 스스로 격리하는 폐쇄적인 공간이기도 하다.[22]

하지만 **거룩한 장소는 사적인 동시에 공적인 공간이다. 많은 이들이 함께 모여 예전을 행함으로써 심리적인 안정과 공동체적 연대성을 경험한다.** 특히 초기 기독교의 가정 교회들은 낯선 이방인으로 살아가는 이들을 포용하고 지지해주는 장소였다. 그리스도교 전통에서 가정 교회는 단순한 사적 공간이 아니라, 도시 안의 낯선 타자에게 환대를 실천하는 구체적인 장소다. 이 장소는 이웃과 공동체에 늘 개방되어 있을 뿐만 아니라 확장된 가족 공동체를 형성했다. 데이비드 쉰들러(David Schindler)는

---

21   미르치아 엘리아데, 『성과 속』, 76.
22   박인석, 『아파트 한국사회』(서울: 현암사, 2018), 10.

가정 교회에서 나누는 식사가 어떻게 이질적인 공간을 빚어내는지 설명한 바 있다. 그에 따르면 가정 교회의 성만찬과 식사 나눔은 그 자체로 물질을 변형시키고 공간과 시간을 재구성하는 공동체적 실천이기도 했다.[23] 타자를 향한 두려움으로 가득 찬 도시 안에서 교회는 안정성과 관계성을 동시에 제공해주는 곳이다. 또한 우리로 하여금 거룩한 장소에서 함께 먹고 마시며 교제함으로써 관계적이며 인격적인 공간을 형성하게 한다.

교회는 도시의 거룩한 공간일 수 있을까?

"어떤 도시가 정말 살기 좋은 도시일까?"는 모든 시대의 관심사였다. 최근에는 도시의 다양한 사람들의 화합과 연대를 위해 도시민들이 추구하는 공동의 가치가 필요하다는 인식이 확산되고 있다. 그런 의미에서 필립 셸드레이크(Philip Sheldrake)는 도시의 변화를 위해 영적인 공간을 확보할 필요가 있다고 제안한다.[24] 도시의 영적 공간으로서 교회 공간을 새롭게 해석하는 논의들이 일어나고 있다. 유럽에서는 도시 중앙이나 언덕에 위치한 고딕 양식의 성당이 거룩한 힘을 지닌 공간으로 인식되어왔다. 높이 솟은 첨탑에 돌과 스테인드글라스로 된 건물은 일시성 안으로 영원성이

---

23   위의 책, 152.
24   김경은, "필립 셸드레이크의 도시 영성 연구", 「신학과 실천」 68(2020), 240.

침투한 공간이다.[25] 동양에서는 사원이나 사찰이 중요한 종교적인 공간이 지만 주로 깊은 산속이나 한적한 곳에 위치해왔다. 이곳들은 속세에서 벗어난 장소에서 속세를 위해 존재해왔다.

거룩한 장소는 인간이 경험할 수 있는 영적 공간으로서 개인과 공동체에게 세계의 중심부이자 인식의 근거가 된다. 도시의 거룩한 공간은 시민들 간의 화해와 일치를 위한 공통의 가치와 삶의 태도를 제공한다. 엘리아데가 주장한 것처럼 거룩한 장소는 하늘과 땅, 과거와 현재 그리고 미래가 만나는 지점이요, 거룩한 그 무언가로 성현화된 공간이다. 삶의 고정점을 가지고 있다는 것은 곧 그곳을 뿌리로 생각하며 살아간다는 의미다.

교회를 비롯한 종교적인 공간은 도시의 거룩한 장소로서의 역할을 담당한다. 교회, 성당, 사원 등의 종교 건축물들은 존재 자체로 하나의 상징적 의의를 지닌다. 종교 건물들은 의례(예배)를 위한 장소인 동시에 시민들이 깊은 정서적 관계를 맺는 공간이다. 사실 세속 도시에서 종교적 장소는 오랜 존재에도 불구하고 감추어져 있는 비존재적 장소였다. 종교 건축물은 도시의 공적인 공간으로서 세속 사회에서 초월성을 경험할 수 있는 몇 안 되는 곳이다. 의례를 비롯한 침묵, 사색, 묵상, 기도, 대화 등이 진행되는 이 거룩한 곳은 시민들의 치유를 위한 공간이자 세속 도시의 단

---

25   Andrew Root, *Faith Formation in a Secular Age* (Grand Rapids: Baker Academic, 2017), 105.

절과 욕망을 넘어서서 초월을 맛보게 하는 모두의 성소다.[26] 또한 교회와 거룩한 장소는 도시 안의 하나의 지역 공동체로서 공동체가 무너진 도시민들의 삶 속에 공동체성을 형성시킨다. 중요한 것은 그것이 지속 가능한지의 여부다.[27]

횃불트리니티신학대학교의 안덕원 교수는 서울 경동교회의 건축학적 특징들을 분석하면서 의례적인 공간이 갖는 '환대성'과 '공공성'의 중요성을 강조한다. 의례 공간에서 참석자들은 타자의 인정과 수용을 통해 자신의 존재 됨을 확인하고 관계를 형성한다. 또한 세상을 향한 개방된 공간을 지향하면서 사회와 함께 호흡하는 장을 열어놓기도 한다.[28] 즉 의례의 장소는 참석자들을 위한 폐쇄된 공간이 아니라 모두에게 열려 있는, 그리고 그 안에서 친밀함과 연대를 경험할 수 있는 특수한 장이다.

물론 종교적 건물과 공간이 보여주는 거룩함은 외형의 특징보다는 그 공간이 지향하는 가치와 내러티브에 기인한다. 그곳을 통해 거룩함이 시민들의 삶으로 연결될 때 지역 공동체와 시민사회가 항구적으로 초월적 가치를 지향하게 된다. 도시의 거룩한 장소는 한 사회가 동의하고 있는 가치와 의미들의 연속성을 간직하는 동시에 끊임없이 시민들에게 그 것을 상기시키는 역할을 한다. 따라서 도시의 종교적 공간들은 도시의 윤

---

26   필립 셸드레이크, 『도시의 영성』, 174.
27   정재영, "교회가 참여하는 도시 지역 공동체 세우기", 「신학과 실천」 57(2017), 544.
28   안덕원, "김수근의 경동교회 건축에 대한 기독교 예전적 분석", 「신학과 실천」 74(2021), 21-22.

도시를 어떻게 충만케 할 것인가?

리적 중심을 결정하고 질서 잡힌 시민적 생활의 필요를 제공할 뿐 아니라 더 깊은 곳에 자리한 인간 욕망의 어떤 것을 성화시키는 영적 교감을 가능하게 한다.[29]

특히 도시의 교회를 생각할 때, 예배를 비롯한 성만찬의 실천은 세속의 도시 공간에서 전혀 다른 차원의 공간을 만들어 빚어낸다. 파편화된 개인주의와 물질주의의 세속 도시에서 전례가 지향하는 거룩한 공동체적 실천은 공간의 인격성과 성스러움을 경험하게 할 것이다. 예배와 성찬을 통해 구현되는 거룩한 장소적 경험은 도시민들의 영적 결핍과 외로움을 채워줄 뿐 아니라 더 확장된 공동체와 연대를 이루게 한다. 특히 다원화된 포스트모던 사회의 다양한 인종, 문화, 언어, 출신, 성별 등이 혼합된 혼종적 도시(Hybrid City)[30]에서는 타자를 환대하고 포용할 수 있는 공간이 절대적으로 필요하다. 근현대의 도시가 획일성, 동질성을 추구했다면, 포스트모던 도시는 다양성과 파편성을 특징으로 한다. 다양한 만남이 있고 이주가 잦은 도시 안에는 이들을 부드럽게 연결하고 느슨하게 유대감을 형성시켜줄 수 있는 장이 필요하다. 결국 다원화된 사회에서 교회는 예배를 위한 공간에서 복음을 적절히 담아내는 동시에 현대적 변화에 어

---

29 필립 쉘드레이크, 『도시의 영성』, 171.
30 Christopher Baker, *The Hybrid Church in the City* (Burlington: Ashgate, 2007). 베이커는 현대 도시를 혼종적 도시(hybrid city)라고 설명하면서, 도시 교회 역시 혼종적 교회(hybrid church)라고 정의한다. 다양한 인종과 각기 다른 언어, 출신, 문화적 배경을 지닌 사람들이 모여 사는 도시에서 상당한 영향을 미치는 종교는 도시의 제3의 공간으로서 공과 사의 중간 영역에서 공적이면서도 공동체적인 역할을 수행한다.

떻게 부합할 수 있을지를 고민해야 한다.[31] 교회가 예배 공간의 거룩함을 유지하면서도 개인과 공동체의 연대를 위한 윤리적 성숙을 이룰 수 있는 사회적 기능을 감당할 필요가 있다.[32]

그렇다고 종교적인 건물만 거룩한 장소라고 할 수는 없다. **탈세속 사회에서는 도시 공간의 초월성과 관계성 회복을 위해 가정(집)과 공적 광장의 역할도 중요하다.** 우리는 비대면 사회로 진입하면서 종교적 장소가 여러 형태로 구현될 수 있음을 보았다. 종교적 장소의 물리적 한계를 넘어서 일상의 모든 곳이 예전(liturgy)의 장소로 변화될 수 있다. 다시 말하면 공간의 거룩함을 추구하는 것, 즉 예전을 통해 각 가정을 비롯하여 삶의 자리까지 확장해서 생각해볼 필요가 있다. 궁극적인 것을 삶의 구체적인 장소에서 드러나게 하면서, 그렇게 형성된 성스러운 장소를 통해 공동체성과 집단적 연대감을 발휘하게 해야 한다.

도시 공간의 성스러움을 보존할 수 있는 장소로서 가정과 광장을 생각해볼 수 있다. 가정과 광장은 세속 도시에서 다양한 실천과 해석을 가능하게 한다. 본래 가정은 단순한 물리적 거주 공간이 아니라 종교의식의 중심지이자 가치와 윤리 형성에 원초적인 기원이었다.[33] 세속 도시는 가정을 사적 영역으로 축소시켰고, 공적 기능을 담당하는 보조적인 수단으

---

31   김순환, "예배공간의 건축학적 고려에 관한 연구", 「신학과 실천」 9(2005), 137.

32   최진봉, "미르치아 엘리아데의 의례공간의 상징성으로 본 개신교 예배공간의 상징화의 필요성에 관한 연구", 「신학과 실천」 73(2021), 53.

33   Timothy Gorringe, *The Theology of the Built Environment*, 83.

도시를 어떻게 충만케 할 것인가?

로 제한했다. 하지만 가정은 타인을 적극적으로 환대하고 관계 맺을 수 있는 공적 장소이자 개인의 정서와 내면세계를 관리하는 탈세속의 공간이기도 하다. 세속 사회에서 가정의 재평가는 물리적 장소를 넘어서 심리적, 영적, 관계적 공간으로서의 가능성을 인정하는 것이기도 하다.

광장 역시 거룩한 장소의 역할을 담당할 수 있다. 광장은 존재 자체로 도시의 구심점이 되어 모두를 향해 열려 있는 포용성과 안정감을 제공한다. 다양한 시민들의 교류가 빚어내는 정치적, 사회적 상상들은 더 나은 사회를 향한 비전으로 연결되어 사회를 추동하는 동력이 되기도 한다. 세속 도시는 광장과 같은 공적인 장소들을 확보할 뿐 아니라 그런 공간에서 탈세속적 가치와 문화들이 발현될 수 있도록 기회를 제공해야 한다.

거룩한 장소는 그 공간이 갖는 본질을 외형적으로 표현한 것이다. 세속 도시가 잃어버린 초월성과 영성, 관계성과 인격성을 회복하는 것은 오늘날 도시 공간에서 도시의 건강함을 회복하는 데 필요한 부분이다. 그렇게 함으로써 도시 설계와 운영의 방향성을 제안하는 동시에 거룩한 장소를 통한 도시민의 정서와 문화, 가치와 삶에 긍정적인 역할을 꾀할 수 있을 것이다. 세속적 욕망으로 가득한 도시에서 초월적이고 신성한 것을 추구하기 위해서는 그것을 담아낼 수 있는 장소가 필수적이다. 교회, 집, 광장은 성스러운 공간으로서 도시의 가치 지향성, 안정성에 긍정적으로 기여할 수 있다. 이를 통해 도시의 비전을 제시하고 시민들의 정서와 공동체 형성에 이바지하는 공간이 될 수 있다. 세속 도시가 잃어버린 초월성의 회복을 위해 땅의 시선으로 살아가는 이들에게 영원한 것을 바라보게 하려면 도시 신학의 해석과 실천이 필요하다.

6장 ——————

공간을 살아간다는 것

세속 도시의 위기는 곧 공간의 위기다. 막대한 자본으로 도시 공간을 재개발하고 새롭게 단장하지만 그 장소에서 삶을 채워주는 충만함을 찾기란 쉽지 않다. 오히려 자본, 욕망과 탐욕, 권력으로 가득 채워진 공간을 마주할 뿐이다. 우리는 자아와 세상을 올바르게 성찰하지 못한 채 장소에서 그냥 존재하는, 아니 비존재하는 존재로 살아간다. 공간을 잃어버린 현대인은 마치 영혼 없이 떠도는 몸과 같다. 낯선 자리에서 초대받지 못한 이방인처럼 말이다.

장소를 얻지 못한 미생들은 도시의 구석구석에 숨어 있다. 광장과 거리의 한 구석에서, 고시원과 원룸에서, 도심에서 멀어진 먼 외곽에서, 중심과 변두리를 오고 가느라 생을 허비한다. 특히 도시의 약자들이 살아가는 고시원과 원룸은 현대판 쪽방촌이다. 인간의 존엄한 일상을 위한 최소 주거 기준은 14제곱미터(약 4.24평)의 면적에, 부엌, 화장실 및 목욕 시설이 갖춰진 공간이어야 한다고 권장되지만, 쪽방 거주민은 보증금 없이 월세 또는 일세를 내고 두 평 남짓한 공간에 몸을 맡긴다. 이들은 세속 도시가 주는 공간의 빈곤(가난)을 겪고 있다. 공간이 곧 돈이며 삶이라는 것을 절실하게 경험하고 있다.

한국인 대다수는 아파트를 거주지로 삼는다. 전통적인 집의 의미와는 다르게 아파트는 재산과 소유의 가치가 훨씬 크다. 입지와 교통망 또는 세대 규모에 따라 아파트 값은 하늘과 땅 차이다. 세속의 집은 불안정의 공간이다. 2년 또는 4년 단위로 집을 옮기는 세입자들에게 도시는 임시 거처의 공간이다. 도시에서 자신의 장소를 향유하지 못한 이들은 늘 불안정하다. 머리 둘 곳 없는 이들에게는 한 해 한 해 임시 거처를 찾는 일이 가장 중요하다.

도시 공간에서 공간의 상실은 곧 장소의 타락으로 이어진다. 매매의 대상이 된 장소는 물질과 탐욕으로 얼룩진 자본의 착취 대상이 된다. 더욱이 그 공간에서 버텨야 하는 인간은 돈에 종속된 생물에 불과하다. 세속화된 도시는 인간의 합리성으로 구축된 시스템 안에서 인간의 욕망을 통제하는 듯 보이지만, 실제로는 이성으로 포장된 타락한 마음을 부추기는 쾌락의 장소를 구축했다. 무슨 의미인지도 알 수 없는 아파트 이름들, 천문학적으로 치솟아버린 부동산은 인간의 욕망에 욕망을 더해가는 도시의 타락을 반영한다.

세속의 공간을 살아가는 그리스도인들이 공간을 창조적으로 변혁하고 새롭게 재해석할 수 있는 방법은 무엇일까? 일상의 공간을 예전의 공간, 구원의 공간, 신성함으로 충만한 공간으로 만들어갈 방법은 무엇일까? 도시의 구조를 따라 정처 없이 걷는 대신 생의 의미를 성찰하고 고민하는 방법은 무엇일까? 우리는 뿌리 없이 살아가는 현대인들의 삶을 지탱해주는 안전한 장소와 공간을 어떻게 마련할 수 있을까를 고민해야 한다. 장소와 땅을 향한 믿음의 해석은 도시 공간을 향한 새로운 상상과 실천 그리고 땅의 전복적인 이해를 가져오기 때문이다.

공간의 충만함을 경험하기 위해 창조적 행위로서 공간을 어떻게 구상할 것인가를 고민해야 한다. 그런 의미에서 일상의 공간 실천으로서의 묵상과 성찰은 도시 공간을 전혀 다르게 바라보게 한다. 그 행위는 공간이 갖는 내러티브를 기억하고 우리의 기억에서 공간이 살아 있게 만든다. 특히 '성찰적 걷기'는 세속의 도시를 초월하여 충만함의 공간으로 나아가게 한다. 묵상과 순례는 우리로 하여금 현재를 살아가면서도 과거로부터 이어져온 거룩한 전통을 오늘날 실천하고 다가올 미래를 희망하게 한다. 묵상과 성찰은 땅의 시선이 아니라 하늘의 시선으로, 세속의 관점이 아니라 탈세속의 관점으로 장소를 바라보는 것이다. **공간의 거룩한 상상은 같은 공간을 다르게 거주(indwelling)하게 한다. 거룩한 장소에 '머물기', 거룩한 장소를 '걷기' 그리고 '기억하기'는 공간의 충만함을 경험케 할 것이다.**

장소와 공간의 변증법

필립 셸드레이크는 "공간은 추상적인 개념인 반면 장소는 관계적이고 물질적이며 특정한 위치를 지칭하는 개념"이라고 말했다.[1] 특정 장소는 그 장소에 덧입혀진 공간적 의미를 간직한다. 물리적 환경이 만들어낸 공간적 의미도 있지만 대부분 공간적 의미는 사회적 합의의 결과물이다. 당대 사회가 부여하는 의미와 가치의 복합체가 장소를 통해 공간화되며, 반

---

1   Philip Sheldrake, *Spaces for the Sacred* (London: Scm Press, 2001), 7.

대로 공간이 갖는 사회적 의의가 도시의 정체성을 구성하고 재형성시키기도 한다. 공간에 깃든 사회적 정체성, 의미, 관계는 다시 물리적, 상징적, 은유적 장소를 통해 재생산되고 재구조화된다.[2] 장소와 공간은 같은 듯하지만 다른 차원의 영역이다. 공간이 형이상적이라면, 장소는 형이하학적이다. 같은 장소라 하더라도 그 장소에 부여하는 공간적 의미와 인식은 개인과 집단에 따라 달라질 수 있다. 장소는 개인과 공동체의 사건이 발생하고 특별한 의미가 부여된 공간이며, 지금 기억될 뿐 아니라 세대를 넘어서 연속성과 정체성을 제공하는 곳이다.

장소가 삶의 영역인 반면, 공간은 영적, 심리적, 관계적 영역이다. 공간은 장소를 결정하는 정신과 같다. 물리적인 환경 안에 무엇을 채우는지에 따라 장소의 정체성은 달라질 수 있다. 세속 도시에서 새로운 공간을 만들어내려면 물리적인 장소를 변형시키기보다는 그 장소가 갖는 공간성을 재해석하고 실천하는 것이 핵심이다. 텅 빈 창고를 카페나 음식점으로 바꾸거나, 주일에 비어 있는 세미나실과 학교 강당에서 예배를 드리고, 수많은 차로 가득 채워진 도로를 비워 시민들이 집회나 축제를 벌이는 것 등은 장소의 공간성을 새롭게 하는 대표적인 사례들이다. 이는 장소가 담고 있는 정신과 문화적 가치들을 새롭게 함으로써 그 장소에 머무는 이들에게 직간접적인 영향을 미치는 전략이다. 이렇게 정형화된 장소

---

2   질 밸런타인, 박경환 역, 『공간에 비친 사회, 사회를 읽는 공간』(서울: 한울아카데미, 2014), 18.

에서 비정형적인 행위와 퍼포먼스를 보임으로써 예상치 않은 시너지를 낸다. 핵심은 동일한 장소에서 동일한 정서와 의식을 공유하는 실천적 행위에 어떻게 참여해야 하는가에 있다. 그러기 위해서는 단순히 같은 장소에 있는 것만으로는 부족하며 그 장소에서 펼쳐지는 공간의 내러티브의 한 일원이 되어야 한다.

이런 차원에서는 부르디외의 아비투스(habitus) 개념이 적절한 예가 된다. 제임스 스미스는 피에르 부르디외(Pierre Bourdieu)의 아비투스 개념을 가지고 사회적(공간적) 예전의 중요한 형성적 기능을 설명했다. **부르디외가 제안하는 욕망의 습관으로서의 아비투스는 사회 문화적 형성으로 가치를 체화시킨 삶의 방식이라 할 수 있다.** 이는 한 사회 집단과 특정 계층이 향유하는 습관과 선호하는 취향은 개인의 선택이 아니라 소속된 공동체가 동일한 가치를 공유함으로써 이루어진다는 분석이다. 제임스 스미스는 이러한 습관의 형성을 '성육신의 페다고지'(incarnate pedagogy)라고 명명하면서 특정한 가르침을 받지 않고도 의식/무의식적으로 이루어지는 훈육을 설명한다.[3] 가르침과 배움은 정보의 전달과 수용을 통해 이루어지는 듯 하지만, 실제로는 무언의 정서, 감정, 분위기, 의미 등의 복합체로서 체득되는 것이다. 동일 집단 안에서 동질성을 유지하기 위해서는 습관과 취향의 비슷함을 유지하면서 하나의 연결망을 구축해야 한다. 단순

---

3   James K. A. Smith, *Imagining the Kingdom* (Grand Rapids: Baker Academic, 2013), 97.

히 유행을 모방하는 행위에서 멈추는 것이 아니라 의미의 깊은 곳까지 이해하고 동행하려는 관계성이 핵심이다.

그렇다면 세속 도시에서 '충만한 공간'의 창출을 위해 믿음의 공동체가 취할 수 있는 방법은 무엇일까? 공간의 가치를 자본화하려는 움직임을 거부하고 신성한 충만함을 재발견할 수 있는 방법은 무엇일까? 새롭게 공간을 디자인하고 구조를 바꿀 필요도 있지만 기독교 전통에서는 특정한 장소에 새로운 정신과 의미를 부여하는 공간 실천이 중요하다.

어느 시대를 막론하고 믿음의 사람들은 거룩한 공간을 창출했다. 곧 가정, 동굴, 수도원, 교회, 성지, 광장 등에서 자신들의 믿음을 구현하며 특별한 색으로 장소를 단장했다. 그들은 특정한 장소나 공간에서 종교적인 의미가 가득 부여된 예배와 의례를 함께 행하고 그 의미를 구체화할 수 있는 행위들을 통해 장소를 특별하게 연출해냈다.[4] 종교적 공간의 역할은 세속의 욕망과 가치관을 거둬내고 충만함을 경험할 수 있는 공간을 구성하는 것이다. **공간을 만드는 일(place-making)은 그리스도인의 소명이다. 공간을 창조하는 일은 단순히 장소를 꾸미고 단장하는 것이 아니라 문화를 변화시키고 사람들의 삶의 가치관과 태도를 재형성하는 작업이다.** 그 일을 행함으로써 권력과 자본을 향하던 눈을 돌이켜 거룩함을 추구하도록 안내할 뿐 아니라 계속해서 자아를 소비하고 탈진시켜야 하는 도시 문

---

4   Jeanne Halgren Kilde, *Sacred Power Sacred Space* (Oxford: Oxford University Press, 2008), 7

도시를 어떻게 충만케 할 것인가?

화에서 누군가를 채워주고 연결하는 창조적 실천으로 나아간다. 공간을 창출하는 작업은 장소를 향한 특별한 '바라봄'(seeing)으로부터 출발한다. 함께 새로운 사회를 상상하고 공동체와 그 공간에 대한 비전을 공유하는 것이 중요하다. 공간의 상상(place imagination)은 세속의 욕망으로부터 출발하지 않으며, 하나님 나라를 꿈꾸며 창조 목적에 맞는 화해와 연대를 위한 공간 질서와 배치를 성찰할 때 비로소 가능하다.[5] 우리는 세속의 공간을 다양한 이미지와 상징, 이야기로 재구성하고 재현하면서 전혀 다른 장소를 만들어낼 필요가 있다. 아니 충만한 공간 실천으로 채울 필요가 있다.

그다음은 장소에 대한 공간적 상상을 실천하는 것이다. 이는 그리스도의 성육신 사역처럼 장소의 한복판으로 찾아 들어가서 장소를 지배하는 세속의 이데올로기를 폭로하고 생명력 넘치는 공간으로 변화시키는 일이다. 물론 세속 도시를 무너뜨리고 새롭게 하는 것도 좋지만, 현실적으로 장소를 새로운 공간으로 채우고 덧입히는 방법이 중요하다. 장소의 쇠퇴로 균형을 잃어버린 세속 도시에서 도시의 한복판에 서 있는 교회는 충만한 공간으로서 도시의 영성, 정서, 가치, 삶의 태도를 새롭게 해야 할 사명을 가진다. 이는 죄악으로 가득한 예루살렘 성을 심판하시고 다시 새롭게 하시고자 했던 하나님의 구원 사역과도 맥을 같이한다.

이사야는 무너져가는 예루살렘 성을 향해 이렇게 예언했다.

---

5   Leonard Hjamarson, *No Home Like Place*, 99–100.

그들은 오래 황폐하였던 곳을 다시 쌓을 것이며 예부터 무너진 곳을 다시 일으킬 것이며 황폐한 성읍 곧 대대로 무너져 있던 것들을 중수할 것이며(사 61:4).

그리스도인들은 황폐한 성을 중수하는 사람들이다. 이들은 사회적, 구조적, 정치 문화적 죄악으로부터 도시를 재건해야 할 커다란 책임을 갖는다. 세속 도시가 장소적 양극화와 물리적 쇠퇴를 극복하기 위해 도시를 새롭게 하는 일은 도시 재생과 재건축 사업을 통해 진행되는 것처럼 보이지만 그것이 전부는 아니다. 이사야 61:1처럼 도시의 가난한 자, 마음이 상한 자, 포로 된 자, 갇힌 자를 새롭게 하시는 여호와의 영이 임재한 모습을 상상해볼 필요가 있다. 도시 공간을 충만하게 하시는 하나님의 영으로 변화된 그리스도인들은 희망 없는 이들에게 살아갈 이유와 올바른 비전을 전달하고, 홀로된 이들과 연대하며, 절망의 짐을 함께 나눠지면서 충만한 도시 공동체와 도시 공간을 회복해야 한다. 즉 충만함을 입은 신실한 이들을 통해 도시를 회복해가는 것이다.

거룩한 공간에 대한 엘리아데의 관점을 수용하자면, '거룩(divinity)의 머묾'을 통해 공간의 정신과 환경을 새롭게 창조할 수 있다. 만물을 새롭게 하시는 하나님의 영은 공간을 통해서도 구현될 뿐 아니라, 그분과 함께하는 이들을 통해 계속되는 하나님의 창조로 나타난다. **탈세속의 관점에서 교회의 공간 창출은 신성한 가치를 공유하는 예전과 순례, 묵상처럼 충만한 일상의 공간 실천을 통해 세속의 내러티브를 재형성하고 새로운**

공간적 습관과 리듬 형성을 가능하게 할 것이다. 하나님의 충만한 현실을 세상 한복판으로 가져오신 예수를 찬양하고 예배할 때 그 장소는 충만한 이들로 가득한 공간이 된다. 세속의 욕망을 따라 춤추는 일상이 아니라 거룩한 소리와 맛, 운율에 반응하는 일상의 거룩한 리듬으로 전환할 때, 우리는 공간의 충만함을 통해 공동체적으로 살아가게 된다. 그렇다면 우리는 새로운 장소를 만들기보다 그 장소에서 실천되는 공간적 행위와 의미들을 새롭게 하는 방식을 고민해야 할 것이다.

공간의 내러티브

내가 사는 동네 근처인 미사리에 천주교 구산 성지가 있다. 하남 미사 지역에 대단지 아파트가 새롭게 조성되면서 개발사 측은 이 부지의 존치 여부를 놓고 고민한 끝에 원래 모습을 보존하게 되었다. 아파트 숲 한복판에 자리한 구산 성지는 주변과는 전혀 다른 풍경을 연출한다. 구산 성당은 한옥 기와 형식의 목조 건축물로서 가톨릭의 순교자 9위를 기념하는 공간이다. 구산 마을의 최초 순교자인 김성우 안토니오(1795-1841)는 경기도 구산(현 경기 하남시 구산동)의 유복한 집안에서 삼 형제 중 첫째로 태어났고 온순한 성품으로 모든 이의 존경을 받았다고 한다. 김성우는 1833년에 구산에 작은 강당을 마련했고, 1836년에는 모방 신부님을 모셔와 성사를 받았다. 그를 따라 동생, 조카, 친구들도 자연스럽게 천주교로

입교하였다.

그러나 그는 '사학의 괴수'라는 명목으로 포도청에 압송되어 형벌을 받다가 1841년, 47세 나이로 생을 마감했다. 그를 비롯해 두 동생인 김덕심, 김윤심, 아들 김성희, 조카 김차희, 김경희, 사촌의 아들인 김윤희와 최지헌, 머슴으로 오랫동안 살았던 심칠여까지 모두 9명이 순교했다. 대부분은 옥에서 고문을 받다가 생을 달리했거나 교수형과 참수형을 당했다.[6] 구산 성지는 하남 지역에 남은 아픔의 역사이자 신앙의 정절 앞에 고개를 숙이게 하는 순례의 장소다. 죽음과 삶이 교차하는 공존의 도시 공간은 사람들에게 무엇을 생각하게 할까?

구산 성지에 들어가다 보면 곡선으로 둘러싸인 높은 돌담을 볼 수 있다. 작은 돌조각들을 층층이 쌓아 올린 돌담은 시간의 무게를 보여주는 듯 이질적인 풍경을 연출한다. 돌담 안으로 들어가면 순교자들의 무덤과 묵상의 길로 연결된다. 자가용이 지배한 현대 도시 공간에서 흙을 밟고 순교자의 무덤을 보는 일은 이질적인 공간 실천이다. 안당문을 지나면 안쪽에 있는 작은 성당으로 들어갈 수 있다. 성당은 규모가 크지 않지만 안으로 들어가면 나무 바닥과 흙벽돌로 된 따뜻한 공간을 만나게 된다. 빛이 잘 들어오지 않아 어둡지만 공간이 가지는 온기와 방문하는 이들의 숨결이 느껴진다.

삭막한 아파트 사이에 자리한 구산 성지는 현대적 공간이 갖지 못하

---

6   구산 성지 홈페이지 참고.

는 깊은 아우라를 보충한다. 종교적 초월성과 신앙의 절대성을 간직하며 그곳을 지나가는 이들에게 다른 충만한 삶의 가치를 증언한다. 네모반듯한 건물들 사이에 곡선으로 빚어진 입구와 돌담은 장소가 갖는 시간성과 숭고함을 드러내어 보인다. 시간 너머의 순교자들과 연결된 영혼의 순결함은 세속 도시에서 쉽게 찾아보기 어려운 고귀한 선물이다. 거룩한 장소는 장소로서의 중심인 동시에 관계와 영적 생활의 중심이기도 하다.

순수한 공간이란 존재하지 않는다. 인간이 바라보는 모든 땅과 장소는 보이지 않는 이상(ideal)의 정치적 의미를 발현한다. **즉 장소가 의미를 발생시킨다는 점에서 정치적이라 할 수 있다.**[7] 공간의 정치는 장소를 구체화하며 구성원들에게 정체성을 제공한다. 시대를 막론하고 특정한 공간은 저마다의 이야기를 지닌다. 공간은 시대와 사건이 만나 탄생한 다양한 이야기를 전달하고 기억하게 한다. 이야기가 공간을 통해 펼쳐지지만 반대로 공간 역시 이야기를 간직한다. 한 개인이 기억하는 장소의 이야기도 있고, 마을과 도시가 오랫동안 간직한 전통과 역사의 서사도 있다. **공간의 서사를 자신의 것으로 받아들일 때 우리는 한 구성원으로서 그 지역과 공동체의 일원이 된다.** 그래서 장소를 탐구하는 것은 곧 그 장소가 간직해온 이야기 및 그 이야기를 현재로 살아가는 이들과 마주하는 일이기도 하다. 마치 고향(hometown)을 자아의 안식처로 삼는 것과 유사하다. 일상의 장소를 살아가는 것은 그 공간이 전파하는 수많은 이야기 속에 사

---

7   Philip Sheldrake, *Spaces for Sacred*, 17.

는 것이다. 공간의 이야기는 특정한 의미와 가치를 전달하며 그것을 공유하는 이들이 함께 깊은 유대감을 갖게 한다. **그렇기에 충만한 공간의 형성과 보존을 위해 필요한 것은 생명력 있는 이야기의 형성과 전달일 것이다. 좋은 장소란 끊임없이 우리가 누구인지를 깨닫게 해주는 곳이다. 또한 우리가 홀로 존재하는 것이 아니라 장소를 매개로 연결된 수많은 타자들과 공동체를 이루고 생명력 있는 내러티브를 자신의 것으로 고백하며 살게 하는 장소다.**

월터 브루그만(Walter Brueggemann)은 땅에 관한 기독교 전통의 독특한 관점들을 우리에게 제공한다. 그는 땅을 상품으로서가 아니라 이웃과 함께 존중하는 인간 상호작용의 장으로서 이해했다. 예언자들의 전승은 우리로 하여금 땅에 대한 실행 가능한 사회적 대안의 문제의식을 갖게 한다.[8]

오늘날 우리에게는 세속의 공간 이야기와 구별되는 충만한 공간의 이야기가 필요하다. 자본에 물든 다툼과 분열을 일으키는 내러티브가 아닌 화해와 포용의 가치를 실천할 수 있는 공간성이 절실하다. 앙리 르페브르는 『공간의 생산』에서 공간이 주는 훈육의 실천으로서 '장소의 페다고지'(pedagogy of space)[9]를 언급했다. 그는 영적(종교적) 가르침이 순수한 교리와 믿음을 통해서만 전수되는 것이 아니라, 그 이야기가 발생한 장소

---

8 월터 브루그만, 정진원 역, 『땅』(서울: CLC, 2005), 24.
9 H. Lefebvre, *The Production of Space* (Oxford: Blackwell, 1996), 418-19.

174

도시를 어떻게 충만케 할 것인가?

와 교육이 일어나는 공간적 특성도 중요하다고 주장했다. 아마도 대표적인 장소로는 독일 베를린의 홀로코스트 메모리얼(The Holocaust Memorial)을 들 수 있을 것이다. 2005년에 완공된 이 광장에는 2,711개의 네모 반듯한 검은 직육면체 구조물이 바닥에 정렬되어 있다. 방문객들은 무릎 높이에서 4.7미터에 이르는 다양한 크기의 조형물 사이를 거닐며 희생당한 이들을 추모하는 가운데 전쟁의 참상을 느끼고 반성하게 된다. 이 공간은 나치에 의해 목숨을 잃은 수많은 영혼들을 위로하며 후대에게 역사적 교훈을 전달한다. 또한 역사적이고 정치적인 현장을 잘 보여주는 동시에 영적이고 윤리적인 면을 드러낸다. 우리는 죽은 자와 살아 있는 자 사이에서 장소가 주는 초월성과 영성을 느낀다.

장소는 말 없는 말로 우리에게 끊임없이 자신의 이야기를 들려준다. 특별히 신앙을 가진 이들에게 장소가 주는 초월성은 남다른 의미가 있다. 이스라엘 사람들이 기억하는 땅은 결코 무주공산이 아니다. 땅은 언제나 여호와와 함께하는 장소이며, 여호와와 함께하는 삶의 기억들, 그분의 언약, 그분에 대한 서원 등으로 채워진 장소다. 이스라엘 사람들은 땅을 통해 그 역사성을 확인하고, 장소에 담겨 있는 약속 및 그에 따른 정체감과의 연관성을 확인한다.[10] 이처럼 충만한 공간은 생명력이 넘치는 오랜 이야기를 간직한다. 종교는 장소를 통한 집단 기억을 활용해 자신의 정체성

---

10   월터 브루그만, 『땅』, 47.

을 확립할 뿐 아니라[11] 지역을 자신의 이야기에 충실한 문화와 환경으로 물들여간다. 한 종교가 가지는 집단 기억은 특정한 장소에서 발생한 사건과 참여자들에 근거하며 수세대에 걸쳐 내려온 살아 있는 이야기다. 그 공간의 가치와 이야기를 전달하는 것이 남은 자들의 과제다.

세속의 장소는 개별 인간들의 욕망과 목표와 가치들이 총동원되어 다양한 정치적 역학 관계가 충돌하는 장이다. 여기서는 세속 권력의 내러티브들이 교차하여 투쟁한다. 과거의 전쟁이 물리적인 장소를 차지하고 자신의 깃발을 꽂기 위한 싸움이었다면, 현대의 전쟁은 자신의 공간 내러티브를 장소에 이입하려는 다툼이다. 잠실에 우뚝 서 있는 롯데타워나 용산의 대통령실처럼 그 장소를 지배하는 세속의 내러티브를 어떻게 모두에게 주입하느냐가 중요하다. 하지만 특정 장소에서 펼쳐지는 힘의 대결이 한쪽의 승리로 끝난다면 결코 누구의 행복도 보장되지 못할 것이다. 세속 도시에는 갈등의 반복으로 인해 모두의 피 흘림이 계속될 뿐이다. 중요한 점은 공간을 통한 모두의 화해와 충만한 일상의 경험이 필요하다는 것이다.

---

11   Daniele Hervieu-Leger, *Religion as a Chain of Memory* (Cambridge: Polity Press, 2006), 125.

도시를 어떻게 충만케 할 것인가?

공간을 기억한다는 것

몇 해 전 여름밤, 지인과 함께 서울의 북촌을 걸었다. 잠깐 만나서 저녁을 먹고 골목길을 걷다가 근처 제과점에 들른 것이 전부였지만, 내가 알던 북촌과 그가 알고 있는 북촌은 전혀 다른 공간이었다. 그는 골목에 감춰진 수많은 이야기와 자신의 경험을 토대로 공간을 재구성해냈다. 십수 년이 된 목조 건물로 된 2층 빵집과 문인들이 모였다던 살롱은 예전의 명성을 잃어버렸지만 그곳에서 펼쳐졌던 지혜의 향연은 아직도 그에게 살아 있는 장이었고, 그는 여러 문인들과 화가들이 머물렀던 공간에 관한 추억을 마치 어제 일처럼 생생하게 기억하고 있었다. 대화를 주고받는 사이에 이름 모를 장소는 이야기의 옷을 입고 다시 살아 있는 공간이 되었다. 결국 공간을 살아 있게 하는 것은 그 공간의 가치를 기억하는 사람들이 아닐까!

미로슬라브 볼프는 『기억의 종말』에서 공간이 갖는 기억(내러티브)의 정치적 역할을 언급한다. 그는 전쟁으로 갈라선 민족과 나라 사이에 화해와 용서가 일어나기 위해서는 무엇을 기억할지가 아니라 **어떻게 해야 올바르게 기억할 수 있는지**가 중요하다고 말한다. 그는 유럽 사회가 겪었던 두 번의 전쟁으로부터 서로를 용서하고 화해하기 위해서는 과거를 잊어버리고 덮어두기보다는 진실하게 그리고 올바르게 기억할 필요가 있다고 제안한다. 기억은 그 과정에서 기쁨과 슬픔을 복제해내지만 더 근본적으로는 우리의 정체성을 형성한다.[12] 사건에 대한 기억은 우리를 다시금 그때 그 자리로 끌고 들어가 역사의 진실을 마주하게 한다. 역사의 비극을 다시 되새기는 것은 공동체의 치유 행위이자 새로운 미래를 향한 공동의 다짐이기도 하다. 한 개인의 기억이 그 사람의 내러티브로 구성되는 것처럼 공동체의 기억도 역사라는 내러티브로 형성된다. 물론 모든 내러티브를 다 동일하게 간직할 수 없다. 해석과 입장에 따라 다르게 이해될 수도 있기 때문이다. 중요한 것은 올바르게 함께 기억하는 것이다. 볼프는 라인하르트 코젤렉(Reinhart Koselleck)의 용어를 빌려 이렇게 말한다.

> 유대인들과 그리스도인들에게 신성한 기억은 "경험의 공간"이자 "기대의 지평"이다.[13]

공동체의 기억은 구체적인 사건을 다시 진술하면서 반복된다. 직접적인 공간 경험은 아니지만 기억하는 이들의 상상력과 감정 이입을 통해 역사의 내러티브가 살아 있게 된다. 기억은 인간의 이성에 의존하는 듯 보이지만 오감을 통해 형성된다. 우리는 보고, 듣고, 느끼고, 맛보고, 냄새를 맡으면서 기억을 온몸으로 체화한다. 인류는 저마다의 역사를 수많은 장소와 시간을 통해 기념(기억)해왔다. 마을의 입구에서부터 기념비적인 건물

---

12   미로슬라브 볼프, 홍종락 역, 『기억의 종말』(서울: IVP, 2016), 43.
13   위의 책, 141.

과 예배당을 거쳐 뒷동산과 강에서 펼쳐진 선조들의 삶의 흔적을 간직함으로써 동일한 정체성을 소유하고 그 사회의 일원이 된다. 하지만 세속 사회는 그러한 공동체의 기억을 소중한 것으로 여기지 않는다. 공동체적 의미와 가치를 붕괴하고 파편화된 조각들만 남긴다.

공동으로 기억되는 공간의 부재는 우리의 뿌리를 흔들 뿐 아니라 다시금 돌아가야 할 태고적 장소를 사라지게 만든다. 세속 도시는 더 넓고 값비싼 공간을 추구하지만 그런 곳에서는 생명력을 찾아볼 수가 없다. 현대의 공간은 자신만의 고유한 이야기를 잃어버렸다. 역사에서 숨쉬며 살아왔던 수많은 사건과 사람들이 교차했던 생명력 있는 이야기가 사라졌다. 아니 정확하게 표현하자면 그것을 기억하는 이들이 점점 사라져 간다. 도심의 길가에 서 있는 오랜 기념비는 역사책에 나오는 한 페이지짜리 사건에 불과하다. 누구의 눈길도 사로잡지 못하고 우두커니 서 있을 뿐이다.

본래 기억의 공간은 성스러움을 비롯해 거주자들에게 비전과 가치 그리고 생명을 주는 경험을 보존한다.[14] 공간이 계속해서 이야기를 발생하는 것은 살아 있음을 의미한다. 그 이야기는 전혀 다른 새로운 이야기가 아니다. 우리의 본래 이야기, 태곳적부터 간직되어온 이야기다. 공간의 기억은 사건의 재생이 아닌 사람의 재생을 목표로 해야 한다.

물리적인 장소가 사람을 어떻게 변화시킬 수 있을까? 오래된 전통과

---

14   Sigurd Bergmann, *Religion, Space, and the Environment*, 88.

내러티브를 어떻게 실천하며 간직할 수 있을까? 건축가 승효상은 『묵상』에서 유럽의 수도원이 전해주는 빛과 침묵의 공간적 충만함을 소개한다. 베네딕토 수도회의 흔적과 현대 건축의 거장 르 코르뷔지에의 자취를 따르는 수도원 순례에서 그는 공간이 선사하는 종교적 매력을 세밀하게 묘사한다. 건축물이 영적일 수 있을까? 아니 초월성을 담지할 수 있을까? 만약 그렇다면 그것은 건물 자체의 특징이라기보다 그 공간이 지향하려는 가치와 실천에 의한 것이라 할 수 있다. 수도원은 공간의 충만함을 간직한 독특한 장소인데, 그곳은 비움으로써 채워지는 공간이다. 세속과 단절되어 있지만 오히려 세속을 위해 존재하는 공간이다. 수행하는 수도자는 내적으로 종교적 초월성을 간직할 뿐만 아니라, 외적인 삶에서는 단순한 실천을 통해 현실을 초월해나간다. 공간 안에서 자신을 비우는 것은 물리적인 환경에서 펼쳐진 영적이고 심미적인 작업이다. 세속 도시 안에 자리한 수도 공간은 믿음의 선조들의 순례 전통을 따르는 공간 실천으로 우리를 안내할 뿐 아니라, 종교적인 공간이 주는 형성적 가르침을 깨닫게 한다. 오랜 순례의 전통을 기억하고 실천하는 일은 공간을 다시 살아 있게 한다. 그것은 세속의 욕망으로 물든 도시를 정화하고 새롭게 하는 일상의 실천이라 할 수 있다.

머무름의 의미

히브리서 11장은 믿음 장으로 잘 알려져 있다. 히브리서 저자는 아벨, 노아, 아브라함, 다윗 등을 언급하며 그들 모두가 이 땅에서 믿음을 따라 살았다고 기록한다. 위대한 신앙의 선조들의 일대기를 잘 알고 있는 그리스도인들은 믿음을 따르는 삶을 구체적으로 어떻게 이해하고 있을까? 히브리서 11:13-14은 믿음의 사람들이 이 땅에서 '외국인'과 '나그네'임을 증언하였다고 말한다. 한곳에 정착하기보다는 하나님의 말씀을 따라 정처 없이 떠도는 삶을 산 것이다. 물론 중동 지역 유목민의 특성상 삶이 그러할 수밖에 없었겠지만, 히브리서 저자는 그들이 '더 나은 본향'을 사모했기 때문이라고 고백했다. '더 나은 본향.' 우리가 오기 전에 이미 존재했던 하나님의 집으로서의 본향은 모두가 그리워하고 갈망하는 장소다.

인간은 집(고향)에 대한 향수가 있다. 떠나온 곳을 그리워하며 그곳으로 다시 가고픈 간절한 마음을 갖고 있다. 회귀의 본능은 인간을 포함한 모든 생명이 공유하는 특징이기도 하다. 집(고향)에 대한 그리움은 단순히 장소에 대한 욕망이라기보다 본래의 자리, 즉 자신의 뿌리와 정체성을 구성하는 핵심적인 공간을 향한 애착이라 할 수 있다. 공간은 인간의 기억을 형성하며, 세상에 대한 이해와 관계 형성의 기회를 제공한다. 궁극적인 장소로서의 집(고향)을 향한 갈망은 진정한 자아를 찾는 것이다. 집은 인생의 방향과 목표를 잃어버린 이들이 다시 시작할 수 있는 출발선이기도 하다. 집의 상실은 머물 수 있는 공간을 잃고 정처없이 떠돌아다니는 현대인들의 비애다.

세속 도시에는 갈 곳 없는 수많은 영혼이 머물 수 있는 '집'을 짓는 작업이 필요하다. 그런 의미에서 충만한 공간을 세우는 일은 곧 집을 짓는 일이다. 그리스도인들은 이 땅에서 최종적인 집을 완성하지는 않지만, 모두가 살아갈 수 있는 집을 재형성시킬(re-homing)[15] 사명감 또한 갖고 있다. 종교는 종교가 실천되는 공간을 인류가 자신의 집과 같은 공간으로 느끼게 해준다.[16] 황량한 광야에서도 자신의 신을 향한 기도와 예전을 통해 그곳을 살아 있게 만들 뿐 아니라 그곳이 나의 공간 그리고 우리의 공간으로 영원히 기억되기를 바란다. 거주할 수 없는 땅을 머묾의 장으로 변화시키는 것은 공간에 담긴 충만한 의미이며, 그것을 되뇌는 공동체를 통해 그런 변화가 가능하다.

'집'의 거주는 공간의 기능적인 획일성만으로 얻어질 수 없다. 머묾의 의미를 전유해가는 시적(poetic) 행동이 수반되어야 한다. 주택의 소유와는 전혀 다른 거주의 참된 의미는 부동산 투기에 급급한 세속 도시의 한계를 폭로한다. 기능적이고 합리적인 거주는 성냥갑 모양의 칸막이로 이루어진, 객관적이며 세분화되고 표준화된 공간에 놓이는 것을 말한다.

---

15   Peter Scott, "The re-homing of the human? A Theological Enquiry into whether human beings are at home on earth," Ernst M. Conradie Etc editied, *Christian Faith and the Earth* (London: T&T Clark Ltd, 2014).

16   Sigurd Bergmann, *Religion, Space, and the Environment* (New York: Routledge, 2016). 44.

하지만 인간적인 거주는 의미를 창조하고 자신이 살아가는 환경에 혼을 불어넣는 행위다. 아울러 거주의 진정한 의미는 자신의 고유한 공간을 펼치면서 우리의 인격과 개성을 발산하는 데 있다.[17] 머문다는 것은 곧 관계적인 뿌리를 내리는 것이다. '누구와 함께(with)' 머물 것인지, 또 '누구 안에(in)' 머물 것인지, '누구를 통해(through)' 머물 것인지, '누구를 위하여(for)' 머물 것인지는 모두 관계적인 의미를 갖는다. 공간 실천으로서의 머묾은 존재자와 주변의 관계 맺기가 핵심이다.

예수의 '머묾'은 성육신의 실천 방법이었다. 세상의 한복판에 찾아와 인간으로 살아가는 '머묾의 실천'은 그분이 한 장소 안에 들어온 것이 아니라, 본인이 그 장소가 된 사건이다. 예수는 하나님 나라를 세상 속으로 가져올 뿐만 아니라 예배가 드려지는 거룩한 장소 그 자체가 되셨다. 구약을 보면 신적 공간이 장소가 아닌 사람 안에 위치하고 있음을 알 수 있다. 하나님은 출애굽 과정에서 백성들과 함께하셨고, 예루살렘이 타락했을 때 성전을 떠나 포로가 된 백성들과 함께하셨다. 구약의 거룩함은 시내산과 예루살렘 성전과 같이 하나님의 임재에 대한 장소적 열망으로서 그 장소에서 펼쳐지는 예배 행위를 통해 표현되었다. 다시 말해 예배 장소가 거룩한 것이 아니라 거룩하신 분을 예배하므로 거룩하게 된 것이다. 신약으로 오면 장소의 의미가 조금 달라지는데, 구약처럼 장소의 거룩함이 아닌 존재의 거룩함, 즉 예수 그리스도와 그분을 예배하는 모

---

17   김성도, 『도시 인간학』, 95.

6장 공간을 살아간다는 것

든 이들의 거룩함으로 전환된다. 즉 거룩한 이들이 머무르는 곳, 함께 믿음으로 살아가는 장소가 거룩한 공간이 되는 것이다. 그렇다면 그리스도인들의 존재 자체와 그들의 일상의 자리는 언제나 충만함으로 가득해야 할 것이다. 거룩한 공간의 머묾은 그곳에 함께 하는 이들을 통해 비롯되며 충만한 일상은 거룩하신 분과 함께하는 모든 시공간을 통해 펼쳐져야 한다.

성찰적 걷기와 공간 묵상

일상의 공간 실천에서 가장 평범한 것은 바로 걷기다. 길을 따라 걷는 행위만큼 일상적인 것이 또 있을까? 걷는 행위는 모두가 실천하는 행동이자 아주 평범한 것이다. 하지만 걷기를 다르게 성찰하는 이가 있다. 바로 프랑스 예수회에 속한 사회과학자이자 기독교 영성학자인 미셸 드 세르토(Michel de Certeau)다. 그는 공간적 행위를 다룬 저서들에서, 근대의 도시 설계가 갖는 사회적 붕괴를 혹독하게 비판했다. 그는 일상이 갖는 신비적, 초월적 특징을 인정하면서 매일의 삶이 경이로움으로 가득 차 있다고 고백한다. 그는 세속의 일상이 잃어버린 이 신비를 '묵상'의 실천으로서의 '걷기'를 통해 회복하려 했다. 그에게 걷기는 일종의 의미를 발화하는 작업이다. 그것은 짜여진 도시의 보행로를 움직이는 단순한 행위가 아니며, 도시의 일상을 주체적으로 살아가는 개인들의 공적 행위이자 공간의 해석적 실천이다. 무념무상으로 거리를 걷는 것이 아니다. 일종의 자신만의 걷기를 실천하는 전술(tactics)로서 공간을 창조하는 평범한 이들의 행동이다.[18]

> 공간은 단순한 일상생활의 장소가 아니라 일상의 생산물이고 거기서 신체의 보행은 바로 발화(utterance) 행위와 같다.…발화 행위가 언어 체계를 자기화하듯, 보행자도 공간적 걷기를 실연하는 순간에 도시의 가로를 자기화한다. 그 결과 보행자들의 걸음걸이는 도시 계획의 본래 의미를 무시하고 새로 해석하며, 고유 명사로 된 광장을 전유해 새로운 의미를 재구성하고 스며들게 한다.[19]

세르토는 '도시에서의 걷기'(walking in the city)라는 글에서 사회적 약자들이 자신들을 위한 공간을 만들 방법과 표현할 수단들을 찾는다고 했다. 도시의 평범한 실천가들은 건물 위가 아닌 아래쪽에서 걷는 사람들이며, 삶을 살아가는 이들의 도보 행위가 장소를 살아 있게 만든다고 여겼다. 인간이 말(speech)을 하면서 자신을 표현하는 것처럼, 도시는 건물이 아니라 수많은 개인이 걷는 발화 행위를 통해 표현된다. 각각의 걸음걸이는 하나의 의미를 만들어낸다. 수많은 도보 행위가 모여 사회적 변화를 일으

---

18   필립 셸드레이크, 『도시의 영성』(IVP, 2018), 139.
19   장세룡, 『미셸 드 세르토, 일상생활의 창조』(서울: 커뮤니케이션북스, 2016), 52.

킨다. 도시 공간을 새롭게 해석하기도 하고 시민들의 정서와 가치관을 수정하기도 한다.

비슷하게 발터 벤야민은 '도시의 산책자' 개념을 사용하여 걷기를 통해 공간을 어떻게 사유할 수 있는지를 흥미롭게 제안한다. 구경꾼과 여행자는 도시의 외관에 관심을 두며 스쳐 지나가지만 산책자는 자신만의 개성을 가지고 도시를 활보한다. 그들의 시선과 행동은 새로운 거리를 탄생시키며 공간을 살아 있게 한다.

걷기는 인간이 공간을 온전히 전유하는 보통의 행위다. 걸음을 통해 우리는 공간을 이해하고 또 재구성한다. 걷기는 공간을 살아 있게 한다. 텅 빈 공간의 적막함과 쓸쓸함을 벗겨내고 삶으로 채워진 공간으로 변화시킨다. 그렇다면 그리스도인의 걷기는 어떤 의미가 있을까? 그리스도인의 걷기는 마치 순례자의 발걸음과 같다. 세속의 길을 따라가는 것이 아니라 예수의 길을 따라가는 행위다. 단순하게 길게 뻗은 대로와 높이 솟은 빌딩 사이를 오가는 것이 아니라 세속의 한복판에서 자신만의 독법으로 공간을 실천하는 행위다. 그는 욕망을 따라 걷지 않으며, 세속의 방식을 흉내 내지도 않는다. 그리스도인의 걷기는 세속의 가치에 저항하는 신앙의 창조적 행위로서 사랑의 실천과 나눔, 연대, 평화를 향한 몸부림이다. 그리스도인은 자신만의 걷기 행위를 통해 묵상하고 성찰하며 도시를 영적으로 해석하고 세속 공간을 변혁적으로 사유한다.

예수의 걷기는 생명이 필요한 이들을 향한 발걸음이었고 하나님 나라를 누리는 당찬 행진이었다. 순례지를 향한 그리스도인의 발걸음은 영원한 것을 향한 진정성 있는 신앙의 실천이었다. 값비싼 차들이 점령한 도시의 대로가 아니라 사람들 사이사이를 연결해주는 실핏줄 같은 도시의 작은 길들을 걸으며 묵상하는 것은 세속의 한복판에 찾아오신 그리스도의 삶을 따르는 제자도다.

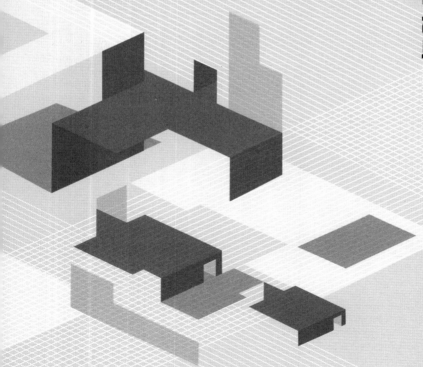

7장

그리스도인의 충만한 하루

당신은 하루 24시간 중에 얼마나 온전한 충만의 시공간을 경험하고 있는가? 당신은 온전한 무언가로 자신을 채우는 경험을 하고 있는가? 하루가 아니라 일주일, 아니 한 달 동안 세속의 일상 경험을 벗어나서 자신과 주변을 진심으로 성찰하고 초월적 시선으로 관점을 전환하는 충만한 삶을 누리고 있는가? 바쁜 현대 도시인들에게는 절대적으로 충만한 경험이 부족하다. 사람들은 물질적 풍요 속에서 상대적인 경험의 빈곤을 마주한다. 풍요는 가진 것으로 수치화될 수 없으며 오직 누리는/경험하는 것으로 측정될 수 있는데, '풍요'는 '많음'이 아니라 '누림'의 의미다. 풍요는 '가득 채움'의 미학이 아니라 '넘쳐 흘러감'의 미학이다. 풍요는 충만함으로 바뀌어야 하며 보다 영적이고 신성한 의미로 재해석될 필요가 있다. **시간과 공간에서 경험되는 충만함은 일상을 회복시키고 창조적으로 변화시키기 위한 핵심이다.**

세속 사회에서 우리는 충만한 경험이 필요하다. 끊임없이 자신을 연료로 갈아 넣어 고갈시키는 경험이 아니라 자아를 충만히 채우는 도시적 일상이 절대적으로 필요하다. 엑시터 대학교의 티모시 고린지는 요한복음 1:16 말씀을 인용하면서 오늘날 도시 공간과 계획을 다루는 신학은 모든 영역에서 '충만함'을 추구해야 한다고 주장한다.[1] 그는 도시 공간

---

1   T. J. Gorringe, *A Theology of the Built Environment*, ix.

과 일상에서 가장 회복되어야 하는 부분이 일상의 '충만함'이라는 데 공감했다. '충만함'은 세속화로 상실한 도시의 초월성과 일상의 거룩함을 복구함으로써 타락한 도시를 회복하고 보전하기 위한 중요한 신학적 열쇠다. 월터 윙크(Walter Wink)가 지적하듯 오늘날 도시를 사로잡고 있는 것은 특정한 이데올로기가 아니라 그들을 추동하는 영성이며, 그렇기 때문에 세속 도시가 구현하는 질 낮은 영성에 만족해하는 도시민들을 구원할 방도가 필요하다. 일상의 공간에서 사라진 충만함의 경험은 거룩한 공간과 안식의 장소에서 구현되어야 할 뿐 아니라, 도시 계획과 건축, 실내 디자인에도 세밀하게 적용되어야 한다. 우리에게는 충만한 도시가 필요하다.

샤바트와 메누하

작년 11월 깊은 가을, 교회에서 당회원들과 제주도에 있는 비자림을 방문했다. 그곳에서 한 해의 사역을 평가하고 새해를 준비하는 정책 당회를 진행했다. 정책 당회는 긴장감이 넘치는 자리다. 아침부터 밤늦게까지 서로의 주장이 부딪히며 얼굴을 붉히다가도 교회를 향한 진심이 담긴 발언에 이내 고개를 숙이고 하나가 된다. 폭풍 같은 회의를 마치고 찾은 곳은 고요한 천년의 숲 비자림이었다. 비자림은 신비한 비밀을 품은 듯 태곳적 자연의 모습을 그대로 간직하고 있다. 하늘을 향해 시위하듯 사방으로 뻗은 줄기와 가지는 마치 춤을 추는 듯한 형상이다. 숲속에 바람이라도 불 때면 모두가 기쁨의 춤사위를 펼친다. 숲 안쪽으로 한 걸음씩 걸어 들어갈수록 묘한 감정이 물밀듯 몰려온다. 산산이 부서져서 파고드는 햇살이 고사리 잎에 부딪혀 반짝거린다. 촉촉한 대지는 만물을 다시 소생케 하는 에너지를 뿜어낸다. 그 공간에 있는 것만으로 온몸에 생기가 솟아오른다. 호흡이 차분해지고 상쾌해질 뿐 아니라 막혔던 시야가 트인 것처럼 잎사귀와 가지가 또렷하게 보인다. 어른 서너 명이 손을 붙잡아야 간신히 품을 수 있는 거대한 비자나무 줄기는 겹겹이 시간을 쌓아 올린 탑을 연상시킨다. 이렇게 오래된 생명을 눈앞에서 마주 대하는 건 경이로움에 가깝다. 순간 나는 시간의 멈춤과 영원의 찰나를 만난 듯했다. 이 공간이 간직한 생명의 충만함은 우리의 삶이 얼마나 짧고 피상적인지 돌아보게 한다. 서로가 얽히고설켜 거대한 생태계의 하모니를 이룬다. 그곳은 가지끼리 손을 붙잡고 뿌리끼리 연결된 생명의 공동체였다. 숲이 보여준 삶의 덩어리는 충만함을 한데 모아 서로에게 전달하고 공급받는다. 자신의 것으로 채워 담는 것이 아니라 넘치게 전달하고 연결됨으로써 모두가 함께 누린다.

현대인의 일상에 필요한 충만함은 달콤한 사탕과 같다. 꽉 짜인 일상 중에 잠시 주어진 여유는 육체의 쉼과 함께 정서적 안정을 주고 주변을 돌아보는 시간을 선물한다. 그러나 그 시간조차 자기 계발과 아르바이트, 취미생활 등으로 바쁘게 채우는 우리는 진정한 충만함을 누릴 수 없는 형편이다. **우리에게는 더 많은 시간이 아니라 더욱 충만한 시간이 필요**

하다. 우리에게는 더 많은 고요함보다 생명의 가득함이 필요하다. 시간의 여유가 아니라 생명력의 연결이 더 간절하다.

무엇이 우리 자신을 브레이크 없이 가속 페달을 밟도록 하는 것일까? 그 시간의 끝에서 우리는 정말 진정한 자아를 찾을 수 있을까? 하나님은 시간과 공간의 창조자이자 주인이시다. 그분은 피조세계에 생명의 장을 선물하셨다. 우리는 시간의 거룩함 또는 충만함을 발견할 때 시간으로부터 해방된(초월된) 경험을 하게 된다. 우리는 진정한 생명의 공간을 발견할 때 그 속에서 영원히 거하고픈 진정한 욕망을 발산하게 된다. 참된 쉼과 회복은 하나님과의 깊은 관계성 안에서 완성되기 때문이다.

마르바 던은 기독교 전통이 지켜온 안식의 의미를 크게 네 가지로 설명한다. 안식일은 먼저 시간의 경험이지만 동시에 장소의 실천으로 확장된다. 그녀가 제안하는 안식의 의미 네 가지는 '**멈춤**'(ceasing), '**쉼**'(resting), '**받아들임**'(embracing), '**향연**'(feasting)**이다.** 안식은 단순히 노동의 멈춤과 육체적 쉼을 의미하는 것이 아니다. 엿새 동안 세상을 창조하시고 마지막 날 안식하신 하나님의 창조 섭리는 비로소 안식을 통해 완성된다. 안식은 모든 일을 끝내고 잠깐 갖는 휴식 시간이 아니라, 안식을 통해서 모든 것이 본래의 목적대로 이루어졌음을 확인하는 것이다. 안식을 뜻하는 샤바트(*shabbat*)의 히브리어 동사는 '쉬다'라는 의미를 지닌다. 이는 노동을 멈추는 것과 관련된 동시에 가축의 일과 땅의 생산까지도 중지하는 것을 포괄한다. '멈춤'은 무엇인가 더 얻고자 하는 개인적인 욕망을 내려놓고 함께하는 모든 이들에게 여유와 휴식을 허락하면서 육체적 쉼과 영적인 쉼을 얻게 한다. 그 쉼은 개인을 넘어 공동체와 사회적으로 연결되며 평화와 기쁨이 충만한 시간을 맞보게 한다. 멈춤이 없는 사회는 폭주하는 기관차처럼 질주하기만 한다. 하지만 안식은 세속의 흐름을 역행하는 것을 넘어서서 새로운 생명의 시간 속으로 들어가는 것과 같다. 마치 시간의 여행자처럼 말이다. 안식을 통해 우리는 새로운 시간을 경험한다. 그것은 하나님의 시간이자 궁극적인 시간이다.

마르바 던은 아브라함 헤셸의 『안식』을 인용하면서 안식을 뜻하는 히브리어 '메누하'(menuha)가 노동과 작업을 넘어서는 훨씬 실재적이고 본질적인 '쉼'을 지칭한다고 언급한다. 안식은 고요, 평온, 평화로 연결되는 진정한 영적인 쉼을 가리키는 것이기 때문이다.[2]

> 보통 휴식으로 풀이되는 메누하에는 노동과 수고를 그만두는 것 이상의 의미, 힘든 일과 피로와 여하한 종류의 활동에서 벗어나는 것 이상의 의미가 들어 있다. 일곱째 날에는 하나님이 무엇을 창조하셨을까? 바로 평온, 고요, 평화 그리고 휴식이다.[3]

성경의 안식일은 조화와 평화를 이루는 날이다. 사람과 사람 사이에 평화를 이루고, 인간 내면에 평화를 이루며, 만물과 평화를 이루는 날이다.

---

2   마르바 던, 전의우 역, 『안식』(서울: IVP, 2001), 78.
3   아브라함 헤셸, 김순현 역, 『안식』(서울: 복있는사람, 2016), 73.

일곱째 날에 인간은 하나님이 지으신 세계를 주무르거나 물리적인 생산물의 상태를 변경할 권리가 없다. 아니 피조세계 전체가 하나님의 안식을 누릴 권리가 있다. 이날은 사람과 동물 모두가 안식하는 날이다. 안식일 준수는 일을 삼가는 것과 관계가 있을 뿐만 아니라, 메누하(menuha)를 창조하는 것과도 관계가 있다. 메누하는 '충만한 휴식' 또는 '축전'(celebration)을 의미하기도 한다.[4] 신앙 안에서 참된 안식을 누리는 삶은 본질적으로 메누하를 지향한다. **세속의 빠른 템포와 왜곡된 방향을 상쇄할 진정한 '자기 멈춤'은 오직 하나님 안에서만 가능하다. 내가 나를 멈추는 것이 아니라 그분 안에서 욕망의 그침을 얻게 되는 것이다.** 우리의 그침은 더 많은 것을 생산하고자 하는 욕망, 더 일해서 무한한 소유를 추구하려는 욕망에서 돌아서는 것이다. 나를 넘어서는 '사회적 그침'은 함께하는 공동체를 돌아볼 여유를 가져다줄 뿐 아니라, 그 그침이 다시 공동체적 향연으로 이어짐으로써 관계적 안식과 사회적 안식을 불러온다. 우리의 멈춤은 생명의 충만함을 향한 '바로 섬'이다.

안식은 완전하고 기쁨이 가득한 삶 안으로 들어가는 행위다. 안식의 실천은 영원한 생명을 위한 훈련으로서 하나님의 현존을 환영하고 전적으로 수용하는 것을 의미한다.[5] 안식은 전적으로 신뢰의 행위다. 엿새 동안 일하고 일곱째 날에 안식을 취하는 것은 더 많은 이익과 쾌락을 누리

---

4   아브라함 헤셸, 『안식』, 36.
5   Norman Wirzba, *Living the Sabbath*, 24.

려는 욕망을 내려놓고, 나의 삶이 나의 것이 아니라 하나님을 향해 있는 것임을 고백하는 행위다. 하루의 쉼은 단순한 숫자가 아니라 모든 것의 쉼과 전적인 신뢰의 표현이다. 이는 믿음과 신뢰의 표시로서 삶의 자유와 평안을 그분 안에서 발견하려는 것과 같다. 왜곡된 인생의 질서를 바로잡는 동시에 모든 피조세계를 하나님의 메누하(*menuha*)에 참여시키는 것을 목표로 한다.

안식을 살아가는 것(living sabbath)은 진정한 인간의 삶이기도 하다. 왜냐하면 모든 시간과 공간을 디자인하신 하나님의 의도가 그 안에 담겨 있기 때문이다.[6] 안식을 지키면서 우리는 하나님의 거룩한 시간을 인식하고, 거룩한 장소에서 실천되는 신성한 행위를 반복한다. 이것은 우리의 과업이 종국에 완성될 무엇을 위한 것인지를 깨닫게 한다. 안식일을 기념하는 것은 온 우주의 완성이며, 안식일의 예배는 한 주를 가득 채우는 영감 있는 사건이다. 함께 먹고 마시는 안식의 만찬은 하나님의 은총에 감사하고 살아 있는 모든 생명과 소통하면서 하나님께 나아가는 축제가 된다. 이를 통해 세상을 성화시키고(sanctifying) 거룩의 이름으로 서로를 부를 수 있게 된다. 또한 안식일의 찬양 안에서 우리는 기쁨과 평화의 신성한 리듬을 익히고 하나님의 세계 안에 머무는 은총을 맛보게 된다.

---

6   위의 책, 20.

새로움이 기준인 현대 사회

현대인의 시계는 더욱 빨라지고 있다. 하루 24시간은 동일하지만 사회적 변화에 따른 삶의 체감 속도는 매일매일 가속화된다. 이것이 근대성의 특징이다. '더 멀리, 더 높이, 더 빠르게'라는 근현대의 슬로건은 무언가를 향하여 전력 질주하도록 우리를 재촉한다. 변화의 속도를 따라잡지 못한 이들은 낙오자가 될 뿐이다. 우리 시대의 최고선은 새로움(newness)과 변화다. 새로운 것은 선하고 아름다운 것이며 모든 이들이 동경해야 하는 모던 시대의 가치다. 새로움을 향한 변화(exchange)와 변혁(transformation)은 모던 시대가 추앙하는 미덕이자 태도다. 정치계는 자신에게 한 표를 주면 새로운 세상이 곧 다가올 것처럼 자신에게 한 표를 달라며 시민들을 유혹하고, 경제계는 새로운 산업을 육성하고 투자하면 더 막대한 부를 창출할 수 있다고 속삭인다. 문화계에는 언제나 새 시대에 어울리는 스타들이 탄생하고 대중은 그들에게 열광한다. **오늘날 새로움은 우리 시대의 신앙이자 정신(spirit)이다.**[7] 반대로 새롭지 않은 것은 악한 것이고 추한 것으로 전락하고 만다. 과거의 것은 역사에서 사라져야 하고 존재해서는 안되는 공공의 적이 된다. 이러한 사회에서 새로움을 향한 우리의 갈망은 모두를 지치고 피곤하게 만든다. 탈진해버린 개인과 자아를 받아줄 곳은 없

---

7   Andrew Root, *The Congregation in a Secular Age* (Grand Rapids: Baker Academic, 2021).

으며 그것은 곧 실패와 낙오를 의미하기 때문에 어떻게든 버티고 버티는 것만이 유일한 선택이 아닐까!

우리는 시간을 어떻게 경험하고 있을까? 시계의 발명으로 시간을 측정할 수 있게 되었지만, 본래 시간이 존재하지 않았던 것은 아니다. 산업화 이후 시계가 발명되면서 노동 시간이 측량 가능해졌고, 사회적 합의에 따라 근무 시간이 언제든지 조절될 수 있었다. 세속은 영원한 시간을 분할하여 파편화하고 계산 가능한 기계를 통해 탈신성화된 물건처럼 다루기 시작했다. 특히 근대에 들어 시간이 노동의 척도, 임금의 단위, 생산의 수단으로 전락하면서 문명과 기술이 승리하게 되었다. 취침과 기상 시간, 식사와 휴식 시간, 공부와 노동 시간 등 일상의 모든 시간이 세속 사회에 종속되면서 시간은 생산성과 효율성에 의해 속박되고 만다. 시간을 절약할 수 있는 다양한 기기와 방법들이 생겨나면서 시간은 하나의 효율성을 추구해야 하는 상품으로 인식되고 있다. 남들이 일하는 시간에 여유를 누리고 부를 쌓는 자들은 바쁨의 시대의 승리자들이다. 현대인의 모든 삶을 통제하는 세속의 시간표는 한 치의 오차도 허락하지 않은 채 우리 삶을 효율성으로 옭아맨다. 계산되지 않은 시간은 무의미한 아니 비존재적인 시간이기도 하다.

하지만 왜 시계가 발명되었는지 떠올려보자. 수도자들은 거룩한 수행을 위해 정확한 시간의 측정이 필요했다. 하루의 일과 중 하나님과 어떻게 동행할 것인지를 고민하며 자신의 시간을 쪼개어 하나님께 헌신했다. 먹고 일하고 자는 시간에도 그 시간의 주인이신 하나님을 향한 갈망이 더욱 중요했다. **이처럼 시계는 일상의 삶에 초월성과 영성을 가져오기 위한 하나의 도구였지, 시간의 주인처럼 행동하라는 의도로 만들어진 것이 아니었다.**

우리의 시간에는 여전히 거대한 우주적 리듬과 생명의 리듬이 관통해 흐른다.[8] 시간은 영원에서 영원으로 흘러간다. 우리는 그 찰나를 살아가지만, 영원과 분리된 순간이 아닌, 영원 속의 한순간으로 살아간다. 우리는 이 찰나의 순간에 어떻게 영원한 것을 인식하며 경험할 수 있을까? 나의 삶이 무의미한 한 개인이 아닌 창조에서 구원으로 이어지는 거대한 서사의 한 페이지임을 어떻게 확인할 수 있을까? 수많은 생명의 이어짐과 풍성함의 순환으로 연결되는 시간의 초월성을 회복하는 방법은 무엇일까? 바로 근대적 시간의 멈춤, 즉 안식의 시간을 통해 그렇게 할 수 있다. 시간의 충만함을 기준으로 일상을 살펴볼 때, 다시 말해 거룩한 예전과 순례의 실천으로 시간의 다른 차원을 이해할 때 우리는 신선한 통찰을 얻게 된다.

그렇다면 빠름에 대한 해답이 느림일까? 사회 변화의 속도를 늦추고 천천히 걸으며 생각하고 행동하는 것이 해결책일까? 절대로 그렇지 않다. **해답은 충만함(fullness)에 있다.** 빠른 시간의 사회는 지금에 집중하게 한다. 지금 즐길 수 있고 만족할 수 있는 것을 추구하게 만들기 때문에 젊음과 욕망이 최고의 선이 된다. 욜로(YOLO: You Only Live Once)는 한 번

---

8   앙리 르페브르, 정기헌 역, 『리듬분석』(서울: 갈무리, 2015), 201.

도시를 어떻게 충만케 할 것인가?

사는 인생이니 지금 최선을 다해서 즐기라고 유혹한다. 하지만 충만함은 세속의 욕구가 아닌 진정한 자아의 갈망을 따르게 한다. 충만한 삶은 결핍을 채우는 삶이 아니라 채워주는 삶이다.

세속 도시는 현대 사회의 혁신의 상징이다. 이 세상은 끊임없이 새로운 상품을 생산하고 소비하며, 더 나은 기술로 새로운 세상을 구현하고자 노력한다. 계속되는 자기 변신이 주도하는 현대 도시에서 우리는 오래된 것을 붙잡을 만한 여유가 없다. 새로운 아이템과 정보에 민감한 현대 사회는 감각적 쾌락의 만족을 추구하지만, 신성함을 추구하는 충만한 삶은 영원한 것을 갈망한다. 더 진실된 것을 기대한다. 충만한 삶은 삶의 태도와 행위의 문제가 아니라 존재 그 자체의 문제다.

일상의 거룩함

기독교 전통은 공간보다는 시간에 더 관심을 가져왔다. 공간은 그냥 있는 것, 또는 언제든지 변형이 가능한 것이지만, 시간은 창조에서 종말까지 흘러가는 하나님의 영원성을 상징한다. **아브라함 헤셸(Abraham Heschel)은 유대교가 시간의 성화를 목표로 삼은 시간의 종교라고 이해했다.**[9] 구약에 등장하는 수많은 절기와 안식일 규례는 때에 맞는 예배와 삶의 여정

---

9   아브라함 헤셸, 『안식』, 49.

에서 하나님과 어떻게 동행하며 살아야 하는지를 잘 보여준다. 그들은 가나안 땅에서 살았지만 엄밀히 말하면 특정한 장소가 아니라 특정한 하나님의 시간을 살아간 것이다. 구약성경의 핵심 주제인 거룩(*qodesh*)은 창세기에서 딱 한 번 사용되었는데, 바로 '하나님께서 일곱째 날을 복되게 하시고 거룩하게 하셨다'라는 구절에 등장한다. 이는 창조의 완성이자 하나님의 안식 개념의 핵심으로서, 이처럼 거룩은 시간을 향한 선언이기도 하다.

코로나를 거치면서 물리적인 공간의 경계가 사라지고 있는 요즘, 신앙의 핵심이 다시 시간으로 옮겨가고 있다. 초연결사회에서 우리는 공간을 초월하여 모든 곳과 모든 사람에 연결될 수 있다. 예배당이라는 장소의 거룩함보다는 주일이라는 시간의 거룩함을 지키는 것이 신앙 행위의 중요한 지표로 인식되어왔다. 디지털 사회에서 '나'의 '몸'은 예배당에 오지 못하지만, 온라인 공간에서 약속된 시간에 하나님께 예배함으로써 자신의 믿음을 지키기도 한다. 마치 바빌로니아 식민지에서 하루에 세 번 예루살렘을 향해 기도했던 다니엘처럼 시간을 지키는 것이 곧 내가 누구인지를 확인하는 유일한 수단이 된다. 전 세계로 뿔뿔이 흩어졌던 유대인들이 자신들의 정체성을 유지할 수 있었던 것은 바로 '시간의 절기'를 기억했기 때문이다. 그들은 유월절을 비롯해 칠칠절, 초막절을 지킴으로써 민족의 뿌리를 잊지 않고 계승해왔다.

유대인들의 시간 개념을 가장 잘 보여주는 것은 단연 안식일이다. 월터 브루그만은 『안식일은 저항이다』에서 세속의 가치에 저항하는 안식일의 특성을 잘 포착했다. 그는 하나님의 시간표를 살아가는 두 종류의 인간 유형을 제시한다. 바로 '아담적 자아'(Adamic selves)와 '모세적 자아'(Mosaic selves)다.[10] 하나님이 만드신 에덴동산을 관리했던 아담은 땅을 경작하고 생계를 꾸려가야 하는 노동하는 인간의 유형이다. '아담적 자아'는 생명을 연결시키며 거룩한 삶의 생태계를 보존하는 데 온 힘을 쏟는다. 그는 창조 질서를 알고 안식일을 기억할 뿐 아니라 세속의 가치를 거슬러 올라가 신성한 가치를 일상에서 향유하며 살아간다. 또한 '모세적 자아'는 권력자인 바로가 강제하는 탐욕스러운 노동으로부터 이스라엘을 해방시켜 새로운 왕을 섬김으로써 그의 통치하심을 따르는 유형이다. '모세적 자아'는 세속 권력에 저항하며 신성한 부르심에 따라 하나님을 향한 예배자의 삶을 살게 한다. 매일매일 쉼 없이 고된 노동으로 살아가는 히브리인들로 하여금 시간의 거룩함을 지키며 제국의 질서에 저항하게 한다.

아담과 모세의 두 자아를 소개하는 브루그만에게 안식일이 저항인 이유는 세속의 힘과 부당한 노동 착취로부터 하나님의 법과 통치를 따라 그날에 안식을 누림으로써 저항적 삶을 살게 하기 때문이다. 안식일의 쉼은 단순히 한 개인의 휴식과 안정을 위한 삶을 지향하는 것이 아니다. 그것은 하나의 사회적 제도이자 생활 양식으로서 모든 이웃과 더불어 누리는 쉼이자 하나님의 백성이라는 시간적 규례를 따르는 것이다. 안식일의

10   월터 브루그만, 박규태 역, 『안식일은 저항이다』(서울: 복있는사람, 2016), 12.

공동체적인 쉼은 더 많은 것을 생산하고 소유하고자 하는 인간의 본능과 탐욕을 절제하고 물신 숭배와 도구적 삶으로부터 돌아서는 것이다.

에릭 야콥슨(Eric Jacobsen)은 더 나아가 시간은 하나님의 창조 선물이며 그것에는 하나의 리듬적인 흐름이 있다고 주장한다. 그는 시간의 리듬을 세 가지로 분류하는데, 바로 '사회적 리듬'(Social Rhythms), '자연적 리듬'(Natural Rhythms), '거룩한 리듬'(Sacred Rhythms)이다.[11] 사회적인 리듬은 아침 출근 시간이나 야구 같은 스포츠 경기가 열리는 시간, 블랙 프라이데이처럼 초대형 할인 행사가 진행되는 기간 또는 수능과 같은 입시가 치러지는 시간이다. 즉 사회적으로 기획되고 구성원들의 일상을 특별하게 규정하는 꽉 짜인 시간을 의미한다. 사회적 시간은 개개인의 일상에 상당한 영향을 미치며 시간의 거대한 흐름에서 벗어나지 못하게 만든다. 반면 자연적 리듬은 아침에 해가 뜨고 지는 것처럼 사계절의 변화와 일기에 따른 반복되는 시간의 흐름이다. 그것은 인간이 조절할 수 없이 그저 순응해야 하는 리듬이다. 통제할 수 있는 사회적 시간이나 통제할 수 없는 자연적 시간과는 다르게 거룩한 시간의 리듬은 하나님의 구원 역사에서 경험된다. 역사의 거대한 흐름 가운데서 우리는 하나님의 백성이라는 정체성을 가지고 살아가며, 주일에 모여 함께 예배하고 찬양하면서 구속의 은혜를 매일의 일상으로 연결시킨다. 빠른 시간의 템포에 자신을 맞추는 것이 아니라 거룩한 하나님의 시간적 리듬에 몸을 맡긴다. 그리고 그

---

11   Eric O. Jacobsen, *The Space Between* (Grand Rapids: Baker Academic, 2012), 124-26.

도시를 어떻게 충만케 할 것인가?

안에서 자유함을 추구한다.

숨, 쉼, 섬

10여 년 전, 문화선교연구원에서 발행했던 「오늘」이라는 기독교 잡지의 취재 일정으로 경기도 가평에 위치한 가락재 영성원을 방문한 적이 있다. 한국형 개신교 수도원을 꿈꾸며 설악면에 자리를 잡은 그 영성원을 이끄는 정광일 목사는 기존의 교회 사역보다는 자신의 내면을 들여다볼 수 있는 목회를 그리며 자연 속으로 들어왔다. 그런 다음 집을 짓고 조그마한 예배당을 설립하고는 산속으로 들어오는 사람들을 벗 삼아 신앙 생활을 하고 있다. 그는 기독교의 영성을 '숨, 쉼, 섬'으로 정의했다. '숨'은 하나님의 영인 성령님과의 전정한 내통을 의미한다. 살아 있는 모든 것은 숨을 쉰다. 들숨과 날숨의 무한 반복은 생명이 살아 있음을 증언한다. 온전한 숨은 하나님 안에서 깊이 들이마시고 내쉬는 영혼의 호흡이다. 그렇게 숨을 쉰 뒤에 우리는 진정한 '쉼'을 누리게 된다. 존재의 쉼은 하나님의 생명으로부터 부어지는 영원한 안식에 거하게 한다. 그리고 우리는 올바른 일어 '섬'으로 나아가게 된다. 숨, 쉼, 섬은 따로 분리된 존재적 행태가 아니라 자연스럽게 연결된 것으로서 우리는 이를 통해 생의 연속적 반복을 향해 나아간다.

　　오늘날 그리스도인들에게는 충만한 시간과 공간이 필요하다. 그 안에서 거룩한 시간의 리듬을 되찾고 신앙의 근본적인 질문들을 마주 대할 필요가 있다. 자아를 둘러볼 뿐 아니라 생의 연속이 무엇을 향하여 있는지를 성찰해야 한다. 현대 교회는 분주함으로 가득 차 있다. 빠른 세속의 템포에 맞추다 보니 교회도 덩달아 바쁘게 움직인다. 공예배를 비롯해 주중에 드려지는 새벽 예배부터 저녁 기도회, 여러 봉사와 선교회 활동들, 구역 모임과 전도 프로그램 같은 수많은 교회 프로그램에 성도들을 동원하여 그들을 괴롭게 한다. 성도들을 어떻게든 돌려서(?) 정신 차리지 못하게 만드는 것이 잘하는 목회라 생각한다. 과연 이것이 정상적인 목회 활동일까? 사실 그 이면에는 불안함과 초조함이 있다. 혹시나 성도들이 다른 것에 관심을 가질까 봐, 교회를 향한 충성심이 약해질까 봐, 교회를 떠나 세상에 눈을 돌릴까 봐 걱정하는 인간적인 마음이 깔려 있다. 그 누구도 성도들의 마음과 영혼에는 크게 관심을 두지 않는다. 그저 교회에 붙잡아두고 싶어 하는 마음으로 가득할 뿐이다.

충만한 공간으로서의 집

바쁜 세속의 일상에서 우리의 몸과 마음이 쉴 수 있는 공간이 절대적으로 필요하다. 크리스틴 폴(Christine Pohl)은 오늘날 타자를 환대할 수 있는 가장 대표적인 공간으로 집(home)을 언급했다.[12] 우리는 집에 대해 저마다의 환상이 있다. 물론 세속 사회에서 집은 투자와 소유의 대상이지만 본래적으로는 우리 영혼의 안식처와 같다. 마당에 바둑이가 뛰어놀고 커다란 살구나무 아래서 그네를 타는 낭만을 가질 수 없을지라도, 집에 들어서면 우리는 저마다 친밀함과 편안함을 느낀다. 익숙한 나만의 공간에서 시간을 보내는 것은 충만함으로 자신을 채워가는 과정이다.

하지만 집은 타자를 초대하는 환대의 장소이기도 하다. 비록 잠깐 손님으로 왔다 갈지라도 누군가에게 생명의 충만함을 경험하게 하는 친밀한 공간이 된다. 공간을 창조하신 하나님께서 피조세계를 위해 자신의 자리를 내어놓으신 것처럼, 우리는 집에 낯선 이들이 머물 수 있는 자리를 마련하기도 한다. 본래 인간의 집은 하나님의 집의 모형이다. 생명이 살아 숨 쉬고 또 다른 생명이 탄생하는 집은 창조의 공간이자 절대적 안식의 공간이다. 그런 친밀한 공간을 제공함으로써 공공의 장소에서 편안함을 느끼게 한다.

미로슬라브 볼프와 라이언 매커널리린츠(Ryan McAnnally-Linz)는 *The Home of God*에서 인간의 집이 하나님의 집의 모형으로서 수행하는 다양한 기능과 역할을 서술한다. 하나님의 집은 세계 안에서 그분의 섭리와 다스림을 표현하는 하나의 상징이다. 하나님이 머무시는 곳으로

---

12   Christine D. Pohl, *Making Room: Recovering Hospitality as a Christian Tradition* (Grand Rapids: Eerdmans, 1999).

서의 세계는 그분의 신성한 충만함으로 가득할 뿐 아니라, 그분의 성품과 존재 방식을 닮은 사랑의 깊은 사귐의 장이다. 집에 머문다는 것은 물리적, 사회적 차원을 넘어 가족들과의 인격적 만남과 상호작용을 통해 하나의 가정을 이루는 것을 뜻한다.[13] 하나님의 집을 닮은 인간의 집 역시 만남과 사귐의 장인 동시에 영적이고 심미적으로 충만한 공간이어야 한다.

가정은 어떠한 상태에 있든지 가족 구성원을 보듬어주고 사랑의 사귐 깊은 곳에서 나오는 무조건적인 환대를 베푸는 장이어야 한다. 영혼의 쉼과 함께 정서적, 관계적 회복이 일어나는 곳이기 때문이다. 인간이 한 공간에 '거주한다'는 것은 독립적인 존재로 살아가는 것이 아니라 함께 거주하는 이들과 관계를 맺고 살아가는 것을 의미한다. 그러한 관계는 상호이익 또는 자신의 이익을 향하지만 가정의 관계는 타자의 생명과 서로의 이익을 향한다. 물론 현대 사회에서 집의 구성과 형태가 과거와는 상당히 다르지만 집의 본질과 역할에서는 큰 차이가 없다. 세속의 한복판에 있는 집에서 펼쳐지는 일상은 생명을 공유하고 함께 성장하는 작은 공동체를 이루게 한다. 가정은 일상의 충만한 공간으로서 모든 삶의 출발지이자 도착지다.

노먼 워즈바(Norman Wirzba)는 *Living The Sabbath*에서 자신의 집이

---

13   Miroslav Volf, Ryan McAnnally-Linz, *Home of God* (Grand Rapids: Brazos Press, 2022).

도시를 어떻게 충만케 할 것인가?

어디인지 알지 못하는 사람은 자신이 누구인지 또 세상에서 자신이 어디에 위치하는지 알 수 없다고 말했다. 우리에게 집은 물리적인 공간인 동시에 영적인 공간이다.[14] 집은 고대로부터 사적 영역으로 이해되어왔다. 사적 장소에 있다는 것은 자신이 그 장소를 통제할 수 있다는 것이다. 울타리와 담, 벽과 문으로 구분된 사적 공간은 거주자에게 배타적 권리를 부여한다. 집은 개인의 정체성을 형성하고 삶의 의미를 깨우치게 하며 습관과 성품을 익히게 해주는 생의 원천이다. 집은 현대 사회에서 소외감을 줄이는 데 절대적으로 기여한다. 인간은 이곳에서 깊은 관계성을 익히고 가족에 대한 책임을 다하면서 살아가는 법을 배운다. 가스통 바슐라르(Gaston Bachelard)는 집이 우리의 첫 번째 세계라고 했다.[15] 물론 단순한 거주지로서의 집은 세상으로부터의 도피처가 되거나 타인과 나의 영역을 구분 짓는 영역일 수 있으나, 영적인 차원의 집은 상호 간에 사랑을 배우고 이웃과 지역을 소중히 여기며 다시 세상으로 나아가게 하는 충만한 공간이기도 하다. 누군가와 진실한 관계를 형성하고 서로에 대해 책임감을 가지며 삶이 얼마나 중요한지 깨닫게 하는 곳이다.

현대 세속 도시에서 집은 개인적인 공간이자 사적인 영역으로 전락해버렸다. 가족이 공유하는 동일한 비전과 목표를 향한 방향보다 각자가 원하는 방식의 삶의 목표와 가치를 더욱 중요하게 여기도록 만들어버

---

14   Norman Wirzba, *Living The Sabbath* (Grand Rapids: Brazos Press, 2006), 104-6.
15   Gaston Bachelard, *The Poetics of Space* (Boston: Beacon, 1969), 7.

렸다. 집은 함께할 수 있는 시공간의 영역으로서 도시 전체에 충만함을 전달할 수 있는 장이자 출발지다. 집안의 일상은 소소한 일들로 가득하지만 그 작은 몸짓과 행동들이 거룩함에 연결되고 부대낄 때 생명력을 전달할 것이다. 집은 척박한 사막 한가운데서 오아시스처럼 메마른 영혼에게 생수를 선물하는 충만의 공간이다.

함께 모여 밥을 먹는다는 것

코로나19가 발발하면서 우리는 누군가와 함께하는 소중함을 절실히 깨달았다. 비대면 시대에 마스크를 쓰고 행여나 상대방에게 피해를 줄까 봐 사회적 거리두기를 실천했던 우리는 관계의 소중함을 절실히 느꼈다. 혼자 밥을 먹고 차를 마시는 삶이 얼마나 허전한지, 누군가와 함께한다는 것의 참된 뜻이 무엇인지를 몸소 느낄 수 있었다.

타인과 친밀함을 유지하고자 할 때 먹는 것만큼 우리를 즐겁게 하는 것이 또 있을까? 우리의 오감을 자극하는 음식은 먹음직스러운 모습을 통한 시각적인 만족, 코를 자극하는 향, 먹었을 때 입안을 감싸고 도는 다양한 맛의 향연으로 우리를 즐겁게 한다. 무엇을 먹는다는 것은 단지 생존을 위한 행위가 아니며 음식을 둘러싼 문화적 의미와 사회적 관계들을 보여주는 종합 예술이다. 음식 신학(Food Theology)을 주장하는 이들은 '식사'란 수많은 피조물의 합동 작전이자 상호 희생의 결과물이라고 이해한다. 공동의 식사에서 음식을 나누는 것은 아가페적 사랑이다. 하나님은 친히 음식이 되어주셨다. 성만찬의 빵과 포도주로 자신을 상징하면서 함께 먹고 마시는 은혜를 허락하셨다. 함께 먹는 것은 육체적이면서 정서적인 교제인 동시에 영적인 변화를 불러일으키는 행위다.[16] 식사(음식)는 하나님께서 자신을 드러내시는 계시의 수단이기도 했다. 인간은 함께 먹는 것을 통해 하나님의 선하심을 맛보았다. 성만찬 식사는 신과 인간의 결정적인 연합이 이루어지는 장이고 인간이 초월적인 신비의 존재를 맛보는 순간이기도 하다. 이 식사의 맛봄(taste)은 단순히 감각의 자극에 머물지 않고 오감에 충만한 느낌을 남긴다. 이러한 의미에서 음식 나눔은 하나의 정치적 행위다.[17]

현대 사회의 최고 가치는 자기 자신 그 자체다. 개인은 절대선이자 기준으로서 최고의 행복과 만족을 추구하는 것을 목표로 살아간다. 자율적인 자아의 선택은 모두에게 존중받아야 한다는 사회적 합의가 있으며, 나르시시스적인(narcissistic) 사회의 개인은 타자에 대해 무관심하고 연민과 동정을 느끼지 않으며 자아 만족과 충족적인 일상을 즐긴다. 하지만 누군가와 함께 하는 식사는 생명을 나누어주는 거룩한 행위다.

기독교 전통에서 식사는 성만찬을 통해 가장 극적으로 표현된다. 주

---

16   Angel F. Mendes-Montoya, *The Theology of Food: Eating and the Eucharist* (West Sussex: Wiley Blackwell, 2012), 2.

17   Angel F. Mendes-Montoya, *The Theology of Food*, 114.

님의 살과 피를 먹고 마시는 행위로 인해 그리스도 공동체에 소속될 뿐 아니라 그리스도의 생명을 나눈다. 성만찬은 문자적으로 감사를 의미한다. 그것은 교회에서 벌어지는 감사의 축제이고 공동체가 고백하는 감사의 실천이다. 이 의식을 통해 우리는 생명을 부여받으며 새로운 존재로 거듭남을 경험하게 된다. 먹는 행위는 누군가의, 또는 무언가의 희생을 전제한다. 먹기는 타자의 생명에 참여하는 것이며, 동시에 자신의 생명이 모든 피조세계와 연결되어 있음을 인식하는 행위다.

티시 워런은 일상의 식사가 성만찬의 연장선에서 구원의 감사 고백과 공동체적 나눔을 실천할 수 있는 중요한 장소라고 말한다. 잠시 잠깐이지만 매일 성례전의 식사를 통해 우리는 하나님의 임재를 경험하고 물질세계 안에 베풀어져 있는 신성한 은혜에 참여하게 된다. 파편화된 일상과 극단적인 개인주의가 만연한 사회에서 공동의 식사를 나누며 새로운 영적 공동체성을 경험하게 된다.[18]

성찬 행위는 공간과 시간의 세계 안에 자리한 철저하게 보편적인 한 '장소'에서 이뤄진다. 성찬의 구속 서사는 인간의 분열이 형성한 것과는 다른 이야기를 들려준다. 분리와 단절의 사회에서 베풀어지는 성찬 안에서 선포되는 새로운 공동체와 새로운 세상은 인간적으로 구성된 사회 질서를 깊이 전복시킨다. 이는 죽음으로 살아나는, 아니 한 개인의 희생으로 모두를 살리는 극적인 반전이자 공동체적 구속 행위다.

---

18   Tish H. Warren, *Liturgy of the Ordinary*, 71.

도시를 어떻게 충만케 할 것인가?

성찬의 가장 도전적인 차원은 인정의 문제다. 수 세기에 걸쳐 그리스도인들은 성찬 안에 실제로 임재하여 존재하시는 그리스도의 개념이 무슨 의미인가를 두고 다투어왔다. 하지만 그보다 중요한 문제는 우리가 그리스도 안에서 누구를 우리의 형제들과 자매들로 인정하는가, 그리고 우리가 예수 그리스도의 실제 임재 속에서 누구에게 응답하는가이다. 성찬 개념의 핵심은 우리에 대한 하나님의 중대한 인정이다.…성찬이 신자들의 공동체 정체성을 형성하는 것으로 이해되는 한, 모든 사람들은 단지 하나님의 인정으로 인해 하나가 된다.[19]

이처럼 성만찬의 식사는 죄성을 벗겨내고 사람들 사이의 관계를 회복시키며 모든 것을 함께 공유하고 나누는 공동체로 우리를 이끌어간다. 죄로 가득 찬 식사는 삶을 파괴하고 관계를 무너뜨리지만, 성만찬의 식사는 생명을 증진시키고 영예를 더하게 한다.[20] 우리는 성만찬의 공동체 식사를 통해 생명의 나눔을 실천한다. 또한 식사의 재료들을 통해 세상 모든 만물이 하나님의 공동체의 일부로 상호작용하고 있음을 깨닫게 된다. 모든 물질은 우리를 하나님의 천상적인 임재 안으로 인도함으로써 하나님과의 사귐, 하나님의 삶에 참여하게 하는 것을 목적으로 한다. 즉 피조된 우리를 포함한 우주 전체가 성례전의 기능을 담당하는 것이다. 성찬적인 피

---

19   필립 셸드레이크, 『도시의 영성』, 226.
20   Norman Wirzba, *Food and Faith* (New York: Cambridge University Press, 2011), xvii.

조물로서의 세계는 하나님이 주신 선물이며, 우리는 함께 나누는 만찬의 사건을 통해 천상의 임재 안으로 들어가게 된다.[21]

음식 나눔의 자리에서 연결되는 신성한 경험은 세속의 일상을 넘어서는 초월적 신비의 장이며 일상을 충만하게 하는 실천이기도 하다. 그리스도인에게 음식 나눔은 사랑의 표현이다. 먹는 것은 육체적이며 정서적인 행위인 동시에 영적인 변혁을 일으킨다.[22] **그리스도인들은 성만찬을 통해 천상의 실재가 된다. 먹는 행위는 우리가 모든 생명과 함께 소통하는 가장 중요한 행위이며 그 시간에 우리는 그 모든 것이 선물로서 주어진 것임을 인식하고 깨닫는다.**[23] 성찬은 오직 하나의 식탁을 공유하고 음식을 나누는 자리다. 먹는 것은 다른 피조물의 희생을 전제로 할 뿐 아니라 어떤 생명이 우리 안으로 이동하고 있음을 뜻하는 행위다.[24] 함께 식사를 나눔으로써 나의 생명이 타자의 것과 공유되어 있음을 인식할 뿐 아니라 그것이 공동의 연대로서 하나 됨을 이루는 인류의 근본적인 행위임을 되새긴다. 충만한 식탁에서 함께 충만한 것을 먹고 마시는 생명의 연대는 충만함을 잃어버린 세속 도시의 회복적 행위이자 창조적인 실천이라 할 수 있다.

공동의 식탁으로서의 성찬은 그리스도와 함께하며 공동체적으로 충

---

21   한스 부어스마, 박세혁 역, 『천상에 참여하다』, 28.
22   Angel F. Mendez-Montoya, *The Theology of Food* (West Sussex: Wiley-Blackwell, 2012), 2.
23   Norman Wirzba, *Living the Sabbath* (Grand Rapids: Brazos Press, 2006), 25.
24   Norman Wirzba, *Food and Faith*, 111.

도시를 어떻게 충만케 할 것인가?

만함을 경험할 수 있는 가장 확실한 시공간의 장이다. 신성한 것을 함께 먹고 마시는 이 자리는 충만한 생명의 나눔과 연대를 경험하는 동시에 새로운 공동체로 거듭나는 장이기도 하다. 세속 도시의 충만한 일상으로서 함께 나누는 공동의 식사는 우리로 하여금 충만한 삶을 살게 하는 일상의 실천이다. 세속의 일상은 자신을 소비하고 타자와 분리된 채 고립된 삶을 살게 하지만, 충만한 일상은 타자와 깊은 연대를 통해 공동의 번영과 성장을 향해 나아가게 한다. 소비와 탈진으로 영혼을 잃어버린 일상에서 충만한 시공간을 경험하는 것은 일상을 구원하고 회복할 수 있는 가장 실천적인 삶의 방식이 될 것이다.

우리는 지금까지 세속 도시 속의 일상의 한계를 확인하면서, 그 대안으로 일상의 충만함을 살펴보았다. 막연하고 모호한 말처럼 들려오는 충만함이 어떻게 세속 도시를 구원하고 시민들의 일상을 회복시킬 대안이 될 수 있을까? 여기서는 정답보다는 그 방향성을 제안한 것이다. 우리의 욕망을 끊임없이 채워줄 것처럼 보였던 이 도시는 정작 거짓된 배부름과 번영을 제공했을 뿐, 진정한 갈급함을 만족시키지 못했다. 충만한 일상은 하나님의 시공간으로 함께 파고 들어가는 행위이며, 과거로부터 전해온 교회의 신실한 내러티브와 예전을 지금 이곳에서 실천하는 삶이다. 세속의 관점을 거둬내고 우리를 새롭게 하시는 충만한 영으로 메마른 사막 같은 도시를 흘려 적시는 교회 공동체가 필요하다. 사막에 있더라도 충만한 우물이 곁에 있다면 그나마 버틸 만하다.

당신의 도시와 일상은 이러한 충만함으로 채워지고 있는가?

사회과 부도의 기억

초등학교 시절 나는 사회과 부도 책을 좋아했다. 다른 교과서와 다르게 칼라로 된 다양한 그림과 도표로 가득 차 유독 눈에 띄는 사회과 부도는 사회 과목의 보충 자료였다. 두꺼운 종이로 된 이 책은 전 세계의 다양한 지리적인 특성을 알려주었고, 언젠가 그곳에 서 있을 나를 상상하게 했다. 기후별로 자라는 열매가 무엇인지, 대륙을 가로지르는 강은 무엇인지, 국가의 경계가 어떻게 구분되는지를 알려준 사회과 부도는 나를 세계 이곳저곳으로 데려다주는 요술 양탄자였다. 물론 가끔은 딱지치기를 할 때 유용하게 쓰이기도 했다. 물에 불려놓은 사회과 부도 종이로 접은 딱지는 절대 딱지여서 그 누구도 경쟁자가 되지 못했다. 나는 지금도 새로운 마을과 도시를 방문할 때면 잘 알지도 못하는 길을 돌아다닌다. A에서 B로 갈 수 있는 다양한 길들을 탐색해보고 최적의 경로, 한적한 경로, 아름다운 풍경이 있는 경로로 구분하여 그때마다 경로를 다르게 선택한다.

공간에 관한 탐색은 예나 지금이나 여전하다.

공간은 나에게 묘한 흥미를 주는 동시에 탐색하는 즐거움을 가져다 준다. 공간을 가장 즐기는 방법은 단연 '걷기'다. 걷는 속도로는 넓은 지역을 경험할 수 없지만, 주변을 더 깊고 세밀하게 관찰할 수 있다. 한번은 완도 아래에 있는 청산도를 8시간 정도 걸으면서 섬을 완주한 적이 있다. 20대의 호기로 시작한 걷기는 섬의 구석구석을 살피면서 동네 어르신을 만나는 충만한 경험을 가져다 주었다. 낯선 곳에서 만난 한 어르신은 나를 초대해 점심상을 차려주시기도 했다. 지금도 청산도를 생각하면 가장 먼저 그 집과 그 밥상이 떠오른다. 걷기는 인격적인 만남을 가능하게 하고, 우리의 눈과 귀를 편안하게 해주며, 적절한 정보를 처리할 수 있는 심리적인 안정감을 제공한다. 시간이 한참 지나 신학자가 된 지금, 난 여전히 공간을 탐색한다. 아니 연구한다. 물론 방법이 조금 달라졌지만.

우리의 기억은 장소를 배경으로 한다. 무수한 장소에 깃든 서로의 기억은 나와 너 그리고 공동체를 형성한다. 그 기억은 시간의 덧칠에 따라 아름답게 미화되거나 불편하게 왜곡되기도 한다. 시간과 공간은 우리의 기억과 현실을 해석하는 뫼비우스의 띠와 같다. 우리는 공간을 일상에서 경험한다. 가족들과 함께 머무는 공간, 일하는 공간, 카페처럼 잠깐 여유를 느끼는 공간, 공원이나 강처럼 모두에게 열려 있는 공유 공간, 멋진 호텔이나 리조트처럼 특별한 때만 찾는 공간 등 우리의 일상을 펼쳐주는 무수한 공간들이 존재한다. 공간은 저마다 쓸모가 있다. 너무 인간 중심적인 생각인지 몰라도, 공간은 홀로 존재하지 않으며, 그곳에서 살아가는 수많은 타자의 사건과 기억으로 재구성된다. 중요한 것은 어떻게 존재하게 할 것인가다. 그 공간에 시간을 덧칠할 때 같은 공간이 갖는 다양한 빛깔을 맛볼 수 있다.

모내기와 공동체 노래

유년 시절 동네에서 모내기를 돕던 기억이 있다. 논의 좌우에서 어른 두 사람이 길게 줄을 잡아당기면, 아낙네들이 한 줄로 길게 서서 빨간색으로 표시된 줄 아래로 몇 포기씩 벼를 심었다. 나와 같은 어린애들은 논둑을 걸으며 모판을 나르거나 잔심부름을 도왔다. 평소에 사이가 좋지 않던 주민들도 모두 나와서 함께 일을 했다. 『총, 균, 쇠』의 저자인 재레드 다이아몬드(Jared Diamond)는 쌀을 재배하는 아시아의 농경 사회에서는 공동 작업이 중요했기 때문에 밀을 재배하는 유럽과 다르게 공동체적 문화가 자리했다고 설명한다. 논밭은 생활의 터전이자 생명을 나누는 장소이기도 하다.

논밭에서 함께 일하는 중간에 누군가 한 곡절을 뽑으면 그 또한 흥겨운 시간이 되었다. 공동체가 스스럼없이 따라부르는 떼창은 힘든 노동을 아름답게 승화시킨다. 하모니가 있는 공동체의 노래는 상호성을 필수로 한다. 지휘자의 인도에 따라 각자의 파트에서 적절한 소리를 내고 주거니 받거니 하는 적절한 타이밍을 잡으면서 아름다운 하모니를 연출한다. 어느 한 부분이 튀거나 약하면 안 된다. 제소리를 낼 때, 진정한 하나 됨을 이룰 수 있다. 함께하는 노래에는 단순한 연대를 추구하는 것보다 제 타이밍에 소리를 내는 것이 중요하다. 서로가 들어올 수 있는 노래의 공간을 비워두고 양보하면서 함께 어울려 부르는 것이 핵심이다.

공동의 노래는 삶의 터전을 배경으로 한다. 사람들은 노래를 부르며 먼저 떠나간 사랑하는 님을 그리워하기도 하고, 부모님과 자녀들을 향한 애달픔을 표현하기도 한다. 인간은 공통된 경험과 감정을 바탕으로 노래를 부른다. '함께 노래하기'는 공동체의 일치 행위다. 공동의 노래는 개인의 감정과 기분 전환을 위한 도구라기보다는 서로의 마음을 이어주는 진실의 끈과 같다. 공동체의 전통과 역사가 담긴 구전 노래는 시공간을 초월하여 모두가 일치된 방향을 향해 나아가도록 한다. 그것은 세속적인 동시에 탈세속적이다. 그것은 개인적인 동시에 공동체적이다. 그것은 과거이자 현재고 또 미래다. 시간과 공간, 사람과 사건의 중첩으로 구성된 공동의 노래는 일상을 살아 있게 한다. 더 나아가 일상을 사랑하게 하고, 사랑으로 살게 한다. 일상의 시간과 공간을 초월적으로 해석하고 실천하게 한다. 우리는 오늘의 고된 순간을 과거와 미래로 승화함으로써 고통을 기쁨으로 변화시킨다. 애통을 웃음으로 전환시킨다.

부분과 전체

개인의 일상과 공동체의 일상은 연결되어 있다. 외로운 도시에서 홀로 살아가는 것처럼 보이지만, 우리의 일상은 서로의 일상의 부분 또는 전체가되기도 한다. 일상의 어울림과 얽힘은 서로의 삶을 지탱해주는 끈이기도하다. 세속 도시에서 우리는 기업이나 회사에 소속되어 공동의 이익을 위해 협력하기도 하지만, 본래 일상은 서로의 연결을 전제로 한다. 하나님의 일상이 그러하셨듯이 우리의 일상도 상호적이다. 일상의 시간은 절대로 개인적이지 않다. 분리되거나 나뉠 수도 없다. 시간의 흐름처럼 일상은 지속적으로 흘러가기를 반복한다.

우리의 일상에는 충만함이 필요하다. 아니 충만한 사람들을 필요로한다. 충만한 일상을 살아가는 이들은 세속 도시를 살아 있게 하는 주연배우들이다. 이들은 세속이 잃어버린 충만한 일상을 공동체적으로 해석하고 실천한다. 모두의 삶의 터전이자 생명의 영역인 일상에 관한 깊은성찰은 잎이 앙상하게 겨우 붙어 있는 메마른 가지와 같은 곳에 생명의싹을 틔우게 한다. 그곳에서 곧 싹이 나고 꽃이 피고 열매가 맺힐 것이다.충만한 사람들은 우리의 일상에 하나님의 순간이 깃들어 있기를 소망한다.

하나님의 일상은 태초부터 생명과 사랑으로 가득 차 있었다. 그분의일상은 생명의 창조이며, 하나님은 그 생명들이 풍성하게 자신들의 삶을영위하기를 기대하신다. 하나님의 일상의 모형이었던 예수의 삶을 생각해보라. 언제나 생명으로 충만한 일상이었다. 그분의 손길이 닿는 곳마다, 그분의 발걸음이 머무는 곳마다 어둠이 물러가고, 약한 자들이 일어서며, 깨어진 관계가 회복되었다. 생명에서 생명으로 이어진 예수는 일상의 치유자이자 회복자다. 우리의 일상에는 충만함이 필요하다. 예수의 살리는 생명의 힘이 절실하다.

이 책을 쓰면서 상당한 시간과 에너지를 쏟아부었다. 분량이 많지 않음에도 불구하고 3년이 걸렸다. 그만큼 애정이 가는 책이다. 지금까지 세속 도시를 고민하면서 도시적 일상을 탐구했다면, 다음 작업에서는 도시적 믿음(신앙)을 성찰할 계획이다. 물론 언제 작업이 끝날지는 아무도 모른다. 사랑하는 가족과 친구들, 모든 동역자에게 진심으로 감사를 전한다.

참고문헌

강영안. 『일상의 철학』. 서울: 세창출판사, 2019.

고현범. "기술복제 시대에서 일상 경험과 예술 경험의 가능 조건-발터 벤야민의 아
우라 개념을 중심으로."「범한철학」50(2008). 249-78.

김경은. "필립 셸드레이크의 도시 영성 연구: 화해를 추구하는 영적 도시를 중심으
로."「신학과 실천」68(2020). 231-54.

김난도 외. 『트렌드 코리아 2024』. 서울: 미래의 창, 2023),

김동규 외. 『우리 시대의 그리스도교 사상가들 2』. 서울: 도서출판100, 2022.

김성도. 『도시 인간학』. 파주: 안그라픽스, 2014.

김순환. "예배공간의 건축학적 고려에 관한 연구."「신학과 실천」9(2005), 135-96.

김승환. 『공공성과 공동체성』. 서울: CLC, 2021.

＿＿＿. 『도시를 어떻게 구원할 것인가』. 서울: 새물결플러스, 2021.

＿＿＿. "급진 정통주의의 인간 이해와 성만찬 정치에 관한 연구."「신학과 실천」
78(2022). 7-30.

김재철. "공간과 거주의 현상학."「철학논총」56(2009). 367-91.

김종달, 한동희, 나중규. "죽음에 이르는 도시: 루이스 멈포드의 제도론과 기술."「한

도시를 어떻게 충만케 할 것인가?

국지역개발학회지」88(2015), 1-14.

다니엘라 C. 어거스틴. 김광남 역.『성령은 어떻게 공동선을 증진하는가?』. 서울: 새
　　물결플러스, 2022.

데이비드 마틴. 김승호 외 역.『현대 세속화 이론』. 서울: 한울, 2005.

도린 매시. 박경환·이영·이용균 역.『공간을 위하여』. 서울: 심산, 2016.

디트리히 본회퍼. 문익환 역.『신도의 공동생활』. 서울: 대한기독교서회, 2005.

르 코르뷔지에. 정성현 역.『도시계획』. 서울: 동녘, 2003.

마크 세비지·알랜 와드. 김왕배·박세훈 역.『자본주의 도시와 근대성』. 서울: 한울,
　　1996.

목창균.『슐라이에르마허의 신학사상』. 서울: 한국신학연구소, 1997.

마르바 던. 전의우 역.『안식』. 서울: IVP, 2001.

미로슬라브 볼프. 양혜원 역.『인간의 번영』. 서울: IVP, 2017.

미르치아 엘리아데. 이은봉 역.『성과 속』. 서울: 한길사, 1998.

바바라 브라운 테일러. 정다운 역.『잃어버린 언어를 찾아서』. 서울: 비아, 2016.

박인석.『아파트 한국사회』. 서울: 현암사, 2018.

리처드 마우. 홍병룡 역.『무례한 기독교』. 서울: IVP, 2014.

승효상.『묵상』. 서울: 돌베개, 2019.

아브라함 헤셸. 김순현 역.『안식』. 서울: 복있는사람, 2016.

안덕원. "김수근의 경동교회 건축에 대한 기독교 예전적 분석."「신학과 실천」
　　74(2021), 7-31.

앙리 르페브르. 정기헌 역.『리듬분석』. 서울: 갈무리, 2015.

위르겐 몰트만. 김균진 역,『생명의 영』. 서울: 대한기독교서회, 1992.

_____. 김균진 역.『창조 안에 계신 하느님』. 서울: 한국신학연구소, 2007.

_____. 김균진 역.『삼위일체와 하나님의 나라』. 서울: 대한기독교서회, 2017.

윌리엄 T. 캐버너. 손민석 역.『신학, 정치를 다시 묻다』. 서울: 비아, 2019.

월터 브루그만. 박규태 역.『안식일은 저항이다』. 서울: 복있는사람, 2016.

_____. 정진원 역.『땅』. 서울: CLC, 2005.

이-푸 투안. 윤영호·김미선 역.『공간과 장소』. 서울: 사이, 2020.

일레인 그레이엄. 이민희 역.『무엇이 좋은 도시를 만드는가』. 서울: 비아토르, 2023.

자크 엘륄. 황종대 역.『대도시의 성서적 의미: 머리 둘 곳 없던 예수』. 대전: 대장간, 2013.

장 보드리야르. 이상률 역.『소비의 사회』. 서울: 문예출판사, 2004.

정양모 역.『디다케: 열두 사도들의 가르침』. 왜관: 분도출판사, 2010.

정재영. "교회가 참여하는 도시 지역 공동체 세우기." 「신학과 실천」 57(2017), 515-552.

정지련. "본회퍼의 비종교적 해석과 한국교회." 「기독교사상」 50(2006). 94-105.

제임스 K. A. 스미스. 박세혁 역.『습관이 영성이다』. 서울: 비아토르, 2018.

_____. 한상화 역.『급진 정통주의 신학』. 서울: CLC, 2011.

_____. 박세혁 역.『하나님 나라를 욕망하라』. 서울: IVP, 2016.

조르그 되링·트리스탄 틸만. 이기숙 역.『공간적 전회』. 서울: 심산, 2015.

조무성. "공적신학 관점의 건강도시와 샬롬커뮤니티의 형성." 「신학과 실천」 38(2014). 679-735.

존 F. 캐버너. 박세혁 역.『소비사회를 사는 그리스도인』. 서울: IVP, 2011.

존 지지울라스. 이세형·정성애 역.『친교로서의 존재』. 서울: 삼원서원, 2012.

222

도시를 어떻게 충만케 할 것인가?

지그문트 바우만. 홍지수 역.『방황하는 개인들의 사회』. 서울: 봄아필, 2013.

찰스 테일러. 이상길 역.『근대의 사회적 상상』. 서울: 이음, 2011.

최진봉. "미르치아 엘리아데의 의례공간의 상징성으로 본 개신교 예배공간의 상징화의 필요성에 관한 연구."「신학과 실천」73(2021), 35-58.

필립 셀드레이크. 김경은 역.『도시의 영성』. 서울: IVP, 2018.

토마스 머튼. 류해욱 역.『토마스 머튼의 시간』. 서울: 바오로딸, 2011.

하비 콕스. 구덕관 외 역.『세속 도시』. 서울: 대한기독교서회, 1993.

한나 아렌트. 이진우·태정호 역,『인간의 조건』. 서울: 한길사, 2015.

한병철·최지수 역.『서사의 위기』. 서울: 다산초당, 2023.

한병철.『투명사회』. 서울: 문학과지성사, 2014.

한스 부어스마. 박세혁 역.『천상에 참여하다』. 서울: IVP, 2021.

한숭홍.『문화종교학』. 서울: 장로회신학대학교 출판부, 1987.

홍준기 엮음.『발터 벤야민 모더니티와 도시』. 서울: 라움, 2007.

Angel F. Mendes-Montoya. *The Theology of Food: Eating and the Eucharist*. West Sussex: Wiley Blackwell, 2012.

Ammerman, Nancy T. *Sacred Stories, Spiritual Tribes: Finding Religion in Everyday Life*. Oxford University Press, 2014.

Baker, Christopher. *The Hybrid Church in the City*. Burlington: Ashgate, 2007.

_____. Beaumont, Justin. edited. *Postsecular Cities*. New York: Continuum, 2011.

Bachelard, Gaston. *The Poetics of Space*. Boston: Beacon, 1969.

Barbieri Jr, William A. edited. *At the Limits of the Secular*. Grand Rapids: William B.

Eerdmans, 2014.

Bergmann, Sigurd. "Making Oneself at Home in Environment of Urban Amnesia: Religion and Theology in City Space." *IJPT. 2* (2008). 70-97.

Cavanaugh, William T *Being Consumed.* Grand Rapids: Eerdmans Publishing, 2008.

_____. *Torture and Eucharist. Blackwell Pub*, 2007.

Croasmun, Matthew. edited. *Envisioning the Good Life.* Eugene: Cascade Books, 2017.

Girringe, Timothy. *A Theology of the Built Environment.* Cambridge: Cambridge University Press, 2002.

Gooder, Paula. *Everyday God.* Canterbury Press, 2012.

Gordon, James R. "Rethinking Divine Spatiality: Divine Omnipresence in Philosophical and Theological Perspective." *The Heythrop Journal.* (2018). 534-543.

Habets, Myk. *Theology in Transposition: A Constructive Appraisal of T. F. Torrance.* Fortress Press, 2013.

Heelas, Paul. Woodhead, Linda. Seel, Benjamin. *The Spiritual Revolution.* Wiley-Blackwell, 2005.

Inge, John. *A Christian Theology of Place. Surrey:* Ashgate, 2003.

Jacobsen, Eric O. *The Space Between.* Grand Rapids: Baker Academic, 2012.

Joas, Hans. Skinner, Alex. edited. *The Power of the Sacred.* Oxford: Oxford University Press, 2021.

_____. *Living the Sabbath.* Grand Rapids: Brazos Press, 2006.

Pohl, Christian D. *Making Room: Recovering Hospitality as a Christian Tradition.* Grand Rapids: Eerdmans, 1999.

Rae, Murray A. *architecture and theology: the art of place.* Texas: Baylor Unversity press. 2017.

Robbins, Joel. *Theology & Anthropology of Christian Life.* Oxford: Oxford University Press, 2020.

Rood, Andrew. *Faith Formation in a Secular Age.* Grand Rapids: Baker Academic, 2017.

_____. *The Congregation in a Secular Age.* Grand Rapids: Baker Academic, 2021.

Sheldrake, Philip. *Spaces for the Sacred.* London: Scm press, 2001.

Seglow, Jonathan. "The Value of as Sacred Places." *Journal of Law, Religion and State,* 9(2021). 48-66.

Smith, David W. *Seeking a City with Foundations.* Nottingham: IVP, 2011.

Smith, James K. A., *How to Inhabit Time.* Grand Rapids: Brazos Press, 2022.

Staniloae, Dumitru. *The Experience of God* Brookline: Holy Cross Orthodox Press, 1994.

Stone, Bryan P. Wolfteich, Claire. *Sabbath in the City.* Louisville: Westminster John Knox Press, 2008.

Taylor, Charles. *The Ethics of Authenticity.* London: Harvard University Press, 2003.

Torrance, T. F. *Space, Time and Incarnation.* London: Oxford University Press, 1969.

_____. *Space, Time and Resurrection.* Edinburgh: T&T Clark, 1998.

Vanhoozer, Kevin J. Anderson, Charles A. Sleasman, Michael J. *Everyday Theology.*

Grand Rapids: Baker Academic, 2007.

Venter, R. "Space, Trinity and City: A Theological Exploration." *Acta Theologica* 1(2006).

Volf, Miroslav. Croasmun, Matthew. *For the Life of the World: Theology That Makes a Difference*. Grand Rapids: Brazos Press, 2019.

Volf, Miroslav. Ryan McAnnallly-Linz. *The Home of God*. Grand Rapids: Brazos Press, 2022.

Warren, Tish Harrison. *Liturgy of the Ordinary*. Grand Rapids: IVP, 2016.

Ward, Graham. *Cities of God*, London: Routledge, 2000.

Wirzba Norman, *Food and Faith*. New York: Cambridge University Press, 2011.

도시를 어떻게 충만케 할 것인가?

도시의 일상과 공간에 대한 신학적 상상과 성찰

Copyright © **김승환** **2024**

1쇄 발행 2024년 8월 8일

지은이	김승환
펴낸이	김요한
펴낸곳	새물결플러스

편 집	왕희광 정인철 노재현 이형일 나유영 노동래
디자인	황진주 김은경
마케팅	박성민
총 무	김명화 이성순
영 상	최정호
아카데미	차상희

홈페이지	www.holywaveplus.com
이메일	hwpbooks@hwpbooks.com
출판등록	2008년 8월 21일 제2008-24호
주 소	(우) 04114 서울특별시 마포구 신촌로28가길 29
전 화	02) 2652-3161
팩 스	02) 2652-3191

ISBN 979-11-6129-283-0 93230